초등 수학 교과서의

잘잘한 감자들

강 완 지음

KYOWOOSA 교우사

머리말

1985년 3월 한국교육개발원 보조연구원으로 입사하여 초등수학 교과서 편찬 사업에 발을 들여놓은 지 30여년이 되었다. 당시에는 한국교육개발원에서 제4차 교육과정에 따른 수학 교과용 도서를 제작하고 있는 중이었는데, 그 이후로 미국 유학 때문에 제5차 교육과정에 따른 수학 교과용 도서 사업에만 참여할 기회가 없었을 뿐, 유학을 마치고 귀국하여 서울교육대학교 조교수로 부임하면서부터 제6차 교육과정에 따른 교과서, 제7차 (수준별) 교육과정에 따른 교과서, 2007 개정 교육과정에 따른 교과서, 2009 개정 교육과정에 따른 교과서에 이르기까지 초등 수학 교과서와 떼려야 뗄 수 없는 인연을 맺고 살아왔다.

어찌어찌 하다 보니 2009 개정 교육과정에 따른 교과서 개발 작업에서는 공동 집필 대표자까지 맡게 되었다. 1985년 당시 영등포구 독산동에 있던 국정 교과서주식회사 인쇄 공장 작업실에서 늦은 밤까지 남아 인쇄용 필름을 오려 붙이기 작업을 하던 막내 연구원 시절에 느끼고 배웠던 여러 가지 교훈들과, 어느새 세월이 흘러 2015년 다시 컴퓨터에 앉아 pdf로 되어있는 파일을 오려 붙여 가며 수학 교과용 도서 집필 총괄 업무를 맡은 직책을 통해 느끼고 배우는 여러 가지 교훈과 함께 어우러져, 나름의 노하우(know how)가 생기게 되었고 이를 후배들에게 전수해 주어야 할 때가 온 것 같다고 느끼게 되었다.

초등수학 교과서 원고를 쓰다 보면 하찮은 것 같지만 초등학생들에게는 중요하게 여겨지는 문제들이 종종 등장한다. 어른들 생각에는 간단히 여겨 대충 처리할 수 있는 개념도 초등학생들에게는 '아' 다르고 '어' 다를 수 있다. 초등 수학 교육에 관련된 선생님들이나 전문가들이 모여 상의해도 밤새 토론할 정도의 심각한 내용도 많이 있다. 이런 내용들을 모아 나름대로 생각을 정리하여

글로 써 보았다. 이 글들은 대부분 2009 개정 교육과정에 따른 초등수학 교사용지도서에 필자가 작성한 글인데, 교사용지도서는 일정 기간이 지나면 사용하지 않으므로 널리 읽히지 않게 될 것이 우려되어 책으로 모아 펴내기로 하고, 교수학적 논의 가치가 있는 것들을 모은 것이다. 단편적인 생각들이 여럿 나열되어 무어라 전체적인 주제를 정하기가 어려웠다. 그래서 초등 수학 교과서의 잘잘한 감자들이라는 제목을 붙였다. 잘잘하지만 알알이 영양가가 많은 좋은 음식이 되어 초등학교 수학 교육 발전에 보약이 되기를 바란다.

저자 올림

차례

차례

차례

수 세기 기능 훈련에 앞서 형성해야 하는 개념은 무엇인가?

아동의 수 세기 기능이 발달하려면 그에 앞서 형성되어야 할 기본 개념이 다섯 가지 있다. 그것은 ① 분류, ② 규칙성, ③ 비교, ④ 보존성, ⑤ 묶음 개념이다.

① 분류

어린이들은 각자 저마다의 경험을 바탕으로 수 개념을 익혀가지만, 근본적으로는 모두 분류하기로부터 시작하게 된다. 분류 기능은 유의미한 수적 활동의 필수 조건이자, 모든 체계적 사고 또는 과학적 사고의 출발점이다. 어린이들은 세기 전에 무엇을 셀 것인지 알아야만 하는데 이때 분류 활동은 세어야 할 대상을 인식하는 데 도움이 된다.

② 규칙성

같은 일이 규칙적으로 반복될 때 인간의 두뇌는 효율적 사고를 위해 이것을 기억해 두었다가 적절하게 사용한다. 수학은 바로 규칙성의 과학이다. 수 감각, 순서 짓기, 수 세기, 수열에 대한 어린이들의 능력은 규칙성 찾기에서부터 발달한다. 수학적 아이디어를 발달시키는 데 사용될 수 있는 규칙성 활동에는 네 가지 유형이 있는데 그것은 규칙 복사, 다음 것 찾기, 규칙성 확장하기, 자신의 규칙성 만들기이다.

③ 비교

수 세기의 또 다른 중요한 사전 단계는 양의 비교이다. 양의 비교는 수 인식의 발달에도 필수적이다. 직접적 또는 간접적으로 비교와 관련되는 질문은 일대일 대응이라는 매우 중요한 수학적 개념을 이끌어낸다. 비교를 할 때 어린이들은 관련이 있는 중요한 속성과 관련이 없는 속성을 구별할 수 있어야 한다. '더 많다', '더 적다', '같다' 등의 관계를 익숙하게 말하는 훈련은 수 개념 발달에 필수적이다.

④ 보존성

5~6세가 되기 전의 어린이들은 물체의 배열이나 전체의 형태에 따라 수가 변한다고 생각한다.

○ ○ ○ ○ ○ ○

● ● ● ● ● ●

예를 들어 흰 공과 검은 공을 위와 같이 배열한 후, 흰 공과 검은 공이 각각 몇 개인지 물어보면 각각 여섯 개라고 답해 놓고도, 어느 공이 더 많은가라고 물으면 검은 공이 더 많다고 답하게 된다. 이것은 주어진 수가 변하지 않는다는 수의 보존 현상에 대한 인식이 결여되어 있기 때문이다. 이 나이에 이를 때까지 어린이들은 한 집합 내에서 사물을 움직이는 것이 사물의 수에 영향을 미치지 않는다는 것을 깨닫지 못한다. 이러한 어린이들은 겉으로 보기에 수 세기에 잘 적응하는 듯

보이지만, 수의 보존성 개념이 결여되어 있어서 수 개념 형성에 결함이 남는다.

⑤ 묶음

대부분의 취학 전 어린이들은 수 세기 기능을 사용하지 않고도 단지 보는 것만으로 세 개 이하의 양을 인식할 수 있다. 따라서 초등학교 1학년에서의 수 세기 교육 목표의 하나는 다섯 또는 여섯 개의 사물에 대한 즉각적인 수 인식을 발달시키는 것이다. 다섯 또는 여섯에 대한 즉각적인 인식은 수 세기의 시간을 절약한다는 점에서 중요하다. 작은 묶음으로 수를 인식하는 것은 그 묶음에 속하는 낱개를 일일이 세는 것보다 훨씬 더 빠르다. 묶음으로 수를 세는 기능은 더 복잡한 수 세기 기능을 발달시킬 뿐만 아니라, 덧셈과 뺄셈의 발달을 가속화한다.

아동의 수 세기 기능은 어떻게 발달하는가?

수 세기란 어린이가 수 값의 이름을 부르는 상당히 복잡한 과정이다. 수 세기의 과정을 살펴보면 두 가지의 서로 다른 활동이 관련되어 있다. 어린이는 '하나'에서부터 시작하여 수의 이름을 순서대로 말해야 하면서 동시에 각 수의 이름을 부를 때마다 다른 사물을 지적해야 한다. 수 세기의 원리와 수 세기 전략에 대하여 Reys, Suydam, Lindquist, Smith(1998, pp.99-101)가 연구한 바를 요약하면 다음과 같다.

1) 수 세기의 원리

수 세기 과정의 네 가지 중요한 원리는 다음과 같다.

① 세어지는 각 대상에는 단지 하나의 수 이름이 할당되어야만 한다. 다음 그림에서 보듯이, 각 대상과 수 이름 사이에는 일대일 대응이 성립한다.

② 수 이름은 각 사물이 세어질 때마다 고정된 순서로 사용되어야만 한다. 위의 그림에서는 "하나"에서 시작하여 "둘, 셋, …, 일곱"으로 세고 있다.

③ 사물이 세어지는 순서는 문제가 되지 않는다.

④ 마지막으로 사용된 수 이름이 전체 대상의 개수이다.

2) 수 세기 전략

일단 10이나 20까지 합리적인 수 세기의 숙달이 이루어지고 나면, 앞으로 세기, 거꾸로 세기, 뛰어 세기 등 더 효율적이고 복잡한 수 세기 전략이 사용될 수 있다.

① 앞으로 세기

앞으로 세기는 어떤 수에서 출발하든 옳은 수 이름을 부르면서 수 세기를 하는 것이다. 예를 들어, 8개에서 시작해서 '아홉, 열, 열하나, …'로 셀 수 있다. 또는 78에서 시작해서 '칠십 구, 팔십, 팔십일, …'로 센다. 앞으로 수 세기 전략은 가치 있는 규칙성을 많이 발견하도록 이끌 뿐만 아니라, 덧셈 기능의 발달에 핵심적인 역할을 한다.

② 거꾸로 세기

거꾸로 세기는 한 점에서 시작해서 반대 순서로 올바르게 수 이름을 부르는 것이다 예를 들어, "토끼 22마리가 있었는데 3마리가 달아났다. 몇 마리가 남았는가?"라는 문제를 풀기 위해서 거꾸로 세기 전략을 사용할 수 있는데, "스물 하나, 스물, 열아홉"을 세고 19마리가 남았다고 답할 수 있다 거꾸로 세기 전략은 뺄셈 기능의 발달에 도움이 된다.

③ 뛰어 세기

뛰어 세기는 하나씩 세는 대신 둘씩, 셋씩, 다섯씩, 또는 열씩 세는 것이다 시작점과 방향은 선택적이다 뛰어 세기는 다양한 규칙성을 제공할 뿐만 아니라, 곱셈과 나눗셈에 대한 준비 학습에 도움이 된다.

가르기와 모으기에서 0으로 가르는 것을 지도하여야 할 것인가?

가르기와 모으기 활동은 덧셈, 뺄셈의 기초가 되는 중요한 활동이다. 가르기는 예를 들어 5를 4와 1로 가르고, 모으기는 3과 2를 모아 5를 만드는 활동인데, 덧셈과 뺄셈의 기초를 이루는 원형적(原型的, prototypical) 활동이다. 그러나 가르기를 뺄셈, 모으기를 덧셈으로 분리하여 생각하는 것은 섣부른 일이다. 말 그대로 가르기는 가르기, 모으기는 모으기로 생각하는 것이 바람직하다.

가르기와 모으기 활동에서 논란이 되는 것은 예를 들어 5를 5와 0으로 가른다고 할 수 있는가 하는 문제이다. 결론부터 말하자면, 5를 5와 0으로 가른다든가 5와 0을 모아 5를 만든다는 활동은 구체적 조작 활동으로 보기 어렵다. 추상적으로는 5를 5와 0으로 가른다고 생각할 수 있다. 5+0=5이고, 5−0=5이기 때문이다. 그러나 가르기와 모으기를 배우는 시기는 덧셈과 뺄셈을 배우기 전 단계이고, “가르다” 또는 “모으다”라는 동사는 아직 추상적으로 받아들이기 어려운 시점이다. 즉, 5를 5와 0으로 가른 것은 이 시기의 아동들에게 있어서 전체를 두 부분으로 가른 것이 아니라 그냥 아무 변화가 일어나지 않은 것이다. 심지어

성인 사이의 일상적 의사소통에 있어서도 5를 5와 0으로 가른 것을 두고 "갈랐다"고 주장했을 때 이것을 대부분의 사람들이 보편적으로 받아들일 수 있는지는 의문이다.

이것이 교수학적으로 문제가 된 것은 2007 개정 교육과정에 따른 수학 교과서 1학년 2학기 3단원 <10을 가르기와 모으기>에서 볼링 핀 10개를 10과 0으로 가르는 내용(해당 교과서 p.37), 숫자 카드 [0]과 [10]을 모아 10을 만드는 내용(해당 교과서 p.39)이 들어있었기 때문이다. 해당 교과서의 1학년 1학기 4단원 <더하기와 빼기>의 9까지의 자연수에 대한 가르기와 모으기 활동에서는 0으로 가르거나 0을 모으는 활동이 없었다. 그러나 그 단원의 p.62에서는 $1+0$, $8+0$, $0+5$, $0+0$을 지도하고 있으며, p.67에서는 $4-0$, $8-0$, $7-7$, $0-0$을 지도하고 있다.

사실 덧셈과 뺄셈은 비록 쉬운 계산이라 할지라도 추상화, 형식화된 수학의 일부이고 시작이다. 그리고 0을 더하거나 빼는 일을 이 단계에서 지도하지 않으면 마땅히 지도할 시점이 없다. 1학년 2학기쯤 되어 $20+4$를 지도하려면 $0+4$를 이해하고 있어야 한다. 그런 의미에서 1학년 1학기 덧셈과 뺄셈에서 0을 더하거나 0을 빼는 일을 지도하는 것은 받아들여야 한다.

2007 개정 교육과정에 따른 수학 교과서의 이러한 전개 과정에 대한 집필 의도는 다음과 같이 해석할 수 있다.

① 2에서 9까지의 자연수에 대한 가르기와 모으기 활동에서는 0으로 가르거나 0을 모으는 활동은 추상적이므로 지도하지 않는다.

② 9 이하의 수에 대한 덧셈과 뺄셈의 도입 단계에서는 0을 더하거나 빼는 계산을 지도한다. 이것은 이후 전개될 덧셈, 뺄셈의 확장 단계에서 필요한 내용이기 때문이다.

③ 10을 가르기와 모으기 활동에서는 0으로 가르거나 0을 모으는 활동을 지도할 수 있다. 그것은 ②에서 0을 더하거나 빼는 활동을 다루었기 때문에 어느 정도의 추상화가 가능하다고 할 수 있기 때문이다.

그러나 2009 개정 교육과정에 따른 수학 교과서에서는 ③의 논리를 받아들이지 않고 있다. 즉, 10을 10과 0으로 가르거나 10과 0을 10으로 모으는 활동을 지도하지 않는다. 2009 개정 교육과정에 따른 수학 교과서의 이러한 집필 의도는 가르기나 모으기의 구체적 조작에 초점을 맞추고 동시에 일상적 언어 사용에서 의미하는바 가르기는 전체를 두 부분으로 나눈 것, 모으기는 두 부분을 모아 한 전체로 만드는 것이라는 맥락에 무게를 둔 것으로 볼 수 있다.

어느 관점이 옳은지는 참-거짓의 문제라기보다는 교수학적 선택의 문제라고 말할 수 있을 것이다. 그러나 두 가지 관점을 다 겪어본 필자의 입장에서는 후자의 관점이 보다 자연스러운 학습을 유도하는 방법으로 보인다.

받아 올림, 받아 내림은 언제부터 시작되는가?

일반적으로 37+25를 다음과 같이 세로로 계산할 때에는

$$\begin{array}{r} 37 \\ +\ 25 \\ \hline \end{array}$$

일의 자리에서 7+5=12를 하고 12의 10을 받아 올려 십의 자리에서 1+3+2=6을 계산한 다음 62라고 답하게 된다. 즉 오른쪽 일의 자리 계산 결과 넘치는 10을 받아 왼쪽 십의 자리로 올려 계산한다는 뜻으로 "받아 올림"이라는 용어를 사용한다.

받아 내림의 경우에는 53−27과 같이 일의 자리에서 뺄셈이 성립하지 않아, 십의 자리에서 10을 받아와 13−7=6을 계산한 후, 40−20=20에 6을 더하여 26으로 답한다. 즉 빼어지는 수(피감수)의 왼쪽 십의 자리에서 10을 덜어내어 오른쪽 일의 자리에 있는 3에 더하여 13을 만들어 13−7을 계산한다는 뜻으로 "받아 내림"이라는 용어를 사용한다.

받아 올림이나 받아 내림이라는 용어는 영어로 번역할 경우 regrouping이라고 할 수 있다. 그러나 이 단어는 우리가 사용하는 받아 올림, 받아 내림의 경우에만 한정되지 않는다. 말 그대로 수들의 조합을 다시 만들어

계산을 용이하게 하려는 모든 조작 활동에 두루 사용한다. 따라서 받아 올림, 받아 내림은 적어도 우리나라 또는 일본, 중국 등 주로 동양에서 사용되는 용어이다.

그런데 받아 올림, 받아 내림은 언제부터 시작되는가라는 질문은 무슨 의미인가? 예를 들어 다음과 같은 뜻이다. 17+5는 받아 올림이 있는 덧셈이다. 그러면 7+5도 받아 올림이 있는 덧셈이라고 말할 수 있는가? 또는 23−8은 받아 내림이 있는 뺄셈이다. 그러면 13−8도 받아 내림이 있는 뺄셈이라고 말할 수 있는가?

결론부터 말하자면 답은 "아니다"이다. 7+5와 같은 계산을 받아 올림이 있는 덧셈이라고 부르기에는 문제가 있다. 7과 5의 합 12에서 10을 받아 어디에 올린다는 말인가? 뺄셈의 경우에는 더욱 이상하다. 13−8에서 10을 받아 내리면 다시 13이 되는데 무엇을 받아 내렸다는 말인가?

7+5와 같은 덧셈은 덧셈구구, 13−8과 같은 뺄셈은 뺄셈구구의 일부라고 보아야 한다. "받아 올림이 있는 덧셈"이라는 용어는 합이 20 이상인 경우, "받아 내림이 있는 뺄셈"이라는 용어는 빼어지는 수(피감수)가 20 이상인 경우에 사용하는 것이 옳다.

덧셈구구와 뺄셈구구란 무엇인가?

2009 개정 교육과정에 따른 교과서에서는 덧셈구구, 뺄셈구구라는 용어를 사용하였다. 덧셈구구는 합이 18 이하인 한 자릿수의 덧셈을 말하고, 뺄셈구구는 덧셈구구의 역연산을 말한다. 덧셈구구를 표로 나타내면 다음과 같다. 이 표의 오른쪽 위에서 왼쪽 아래를 향하는 대각선을 기준으로 윗부분은 덧셈구구의 전반부이고 대개 1학년 1학기에서 다루게 된다.

〈덧셈구구표〉

+	0	1	2	3	4	5	6	7	8	9
0	0	1	2	3	4	5	6	7	8	9
1	1	2	3	4	5	6	7	8	9	10
2	2	3	4	5	6	7	8	9	10	11
3	3	4	5	6	7	8	9	10	11	12
4	4	5	6	7	8	9	10	11	12	13
5	5	6	7	8	9	10	11	12	13	14
6	6	7	8	9	10	11	12	13	14	15
7	7	8	9	10	11	12	13	14	15	16
8	8	9	10	11	12	13	14	15	16	17
9	9	10	11	12	13	14	15	16	17	18

이 대각선의 아랫부분은 덧셈구구의 후반부로서 대개 1학년 2학기에 다루게 되며, 받아 올림이 없는 두 자릿수의 덧셈, 받아 내림이 없는 두 자릿수의 뺄셈을 배우고 난 후에 다루게 된다.

뺄셈구구를 표로 나타내면 다음과 같다.

〈뺄셈구구표〉

−	0	1	2	3	4	5	6	7	8	9	10	11	12	13	14	15	16	17	18
0	0	1	2	3	4	5	6	7	8	9									
1		0	1	2	3	4	5	6	7	8	9								
2			0	1	2	3	4	5	6	7	8	9							
3				0	1	2	3	4	5	6	7	8	9						
4					0	1	2	3	4	5	6	7	8	9					
5						0	1	2	3	4	5	6	7	8	9				
6							0	1	2	3	4	5	6	7	8	9			
7								0	1	2	3	4	5	6	7	8	9		
8									0	1	2	3	4	5	6	7	8	9	
9										0	1	2	3	4	5	6	7	8	9

이 표의 왼쪽 부분은 뺄셈구구의 전반부이고 대개 1학년 1학기에서 다룬다. 오른쪽 부분은 뺄셈구구의 후반부로서 대개 1학년 2학기에서 다룬다.

대개 구구라고 하면 곱셈구구만을 의식하기 쉽다. 계산은 수학적 사고이기도 하지만 인지 기능이기도 하다. 인지 기능은 기억력에 많이 의존한다. 곱셈구구를 외워두는 것은 곱셈 기능을 위한 기본적인 준비 요소이다. 마찬가지로 덧셈구구와 뺄셈구구도 덧셈, 뺄셈 기능을 위한 기본적인 요소라고 말할 수 있다. 7×8=56을 빨리 정확하게 기억해내어야 곱셈을 잘 할 수 있듯이, 7+8=15 또는 15−8=7을 잘 기억해내어야 덧셈 또는 뺄셈을 잘 해낼 수 있다. 굳이 차이를 말한다면 곱셈구구는 언어적 반복을 통해 기억을 되살리는 방법을 사용하지만 덧셈구구나 뺄셈구구는 언어보다는 초기에 형성된 개념 이미지에 많이 의존한다는 점이다.

받아 올림이 없는 두 자릿수의 덧셈을 덧셈구구의 완성보다 먼저 지도하는 이유는 무엇인가?

덧셈구구, 뺄셈구구의 전반부와 후반부를 분리하여 지도하는 방법은 세계적으로도 보편화된 것으로 보인다. 그리고 덧셈구구, 뺄셈구구의 후반부를 지도하기 전에 "10의 보수 관계"와 "결과가 9 이하인 세 수의 계산"을 지도하는 것도 보편적으로 받아들이는 방법에 해당한다. 결과가 9 이하인 세 수의 계산은 다음과 같이 네 종류로 나눌 수 있다.

> 더하고 더하기(가가산, $2+3+1$), 더하고 빼기(가감산, $2+7-5$),
> 빼고 더하기(감가산, $7-4+3$), 빼고 빼기(감감산, $8-2-4$)

이다. 이들 네 가지 계산은 덧셈구구, 뺄셈구구의 후반부 지도를 위한 선수학습에 해당한다. 10의 보수 관계와 결과가 9 이하인 세 수의 계산 외에 덧셈, 뺄셈과 관련하여 또 다른 무엇을 지도하는가?

우리나라에서는 그동안 지금까지 받아 올림이 없는 두 자릿수의 덧셈, 받아 내림이 없는 두 자릿수의 뺄셈을 덧셈구구, 뺄셈구구의 후반부를 학습하기 전에 지도하여 오고 있다. 즉,

① 덧셈구구, 뺄셈구구의 전반부

② 받아 올림이 없는 두 자릿수의 덧셈, 받아 내림이 없는 두 자릿수의 뺄셈

③ 10의 보수 관계

④ 결과가 9 이하인 세 수의 계산

⑤ 덧셈구구, 뺄셈구구의 후반부

⑥ 받아 올림이 있는 두 자릿수의 덧셈, 받아 내림이 있는 두 자릿수의 뺄셈

의 순서로 덧셈, 뺄셈의 기초 기능을 지도하고 있는 것이다.

이러한 지도 순서에 대하여 ③과 ④를 ⑤보다 먼저 지도하는 것은 논리적으로 이해되지만, ②를 ⑤보다 먼저 지도하는 것에 대하여는 쉽게 이해되지 않는다는 지적이 나올 수 있다. 실제로 일본의 교과서 중에는 ②를 ⑤보다 먼저 지도하는 것도 있고, ②를 ⑤보다 나중에 지도하는 것도 있지만, ②를 ⑤보다 나중에 지도하는 것에는 논리적으로 문제가 있다.

무엇보다도 ②를 ③, ④, ⑤보다 먼저 지도하는 가장 강력한 논리적 이유는, 예를 들어 $9+4=13$을 지도하기 위해서 $(9+1)+3=10+3=13$을 지도하여야 하는데, 여기에서 $10+3$이라는 과정은 ②의 지도를 필요로 하기 때문이다.

이외에도 ②를 ⑤보다 먼저 지도하는 것은 나름대로 몇 가지 이유가 더 있다. 우선 ②를 ⑤보다 먼저 지도하는 데 논리적 지장이 없다. 또한 ⑤는 ⑥을 지도하기 직전에 지도하는 것이 효과적이다. ⑤와 ⑥ 사이에 ②가 끼어들면 학습의 논리상 단절이 생긴다. ②는 ⑤를 학습하기 위한

동기도 제공하며 동시에 세로로 계산하는 방법을 형식화하는 첫 발판을 제공한다. 덧셈, 뺄셈을 세로로 계산하는 방법은 ⑤와 ⑥의 지도를 위해 필수적이다. 이러한 이유에서 ②를 ⑤보다 먼저 지도하는 것이다.

가수분해, 피가수분해, 감수분해, 피감수분해란 무엇인가?

덧셈구구, 뺄셈구구의 후반부를 지도하기 전에 결과가 9 이하인 세 수의 계산을 지도하는 이유는 덧셈구구의 후반부 지도가 가수분해와 피가수분해, 뺄셈구구의 후반부 지도가 감수분해, 피감수분해라는 조작 활동에 의존하기 때문이다.

덧셈구구의 후반부는 "가수를 분해하는 방법"과 "피가수를 분해하는 방법"의 두 가지로 지도하는데 두 가지 방법 모두 10의 보수 관계를 이용한 세 수의 덧셈으로 바꾸어 계산하는 능력을 요구한다.

1) 가수를 분해하는 방법

예를 들어 9+4의 경우, 9는 더해지는 수(피가수 被加數)이고 4는 더하는 수(가수 加數)인데, 가수 4을 1과 3으로 가른 다음, 9와 1을 먼저 더하여 10을 만들고 여기에 3을 더하여 13을 답으로 하는 방법이다. "가르기와 모으기", "10의 보수 관계", "세 수의 계산" 등의 개념이 필요한 장면이다. 수식으로 표현하자면

$$9+4=9+(1+3)=(9+1)+3=10+3=13$$

인데, 수학적으로는 결합법칙이 적용된다. 이 단계의 초등학교 학생들에게 결합법칙을 지도할 수는 없으므로 다음과 같은 도식을 사용한다.

가수를 분해하는 방법

$$9+4$$

$$9+1+3$$

$$10+3=13$$

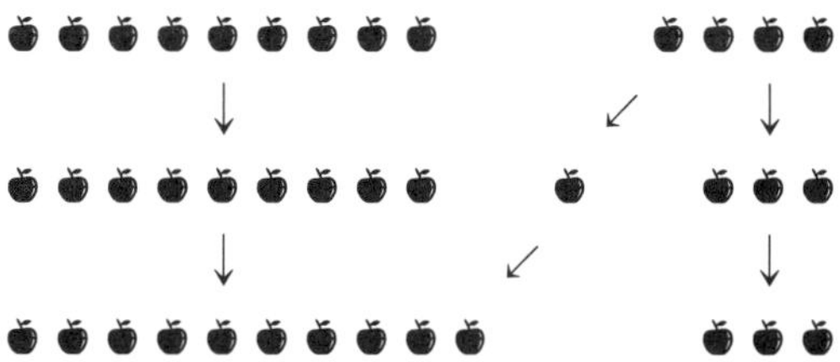

(2) 피가수를 분해하는 방법

예를 들어 5+8의 경우, 피가수 5를 3과 2로 가르고, 2와 8을 더하여 10을 만든 다음, 3에 10을 더하여 13을 답으로 하는 방법이다. 수식으로 표현하자면

$$5+8=(3+2)+8=3+(2+8)=3+10=13$$

인데, 역시 수학적으로 결합법칙이 적용된다. 따라서 다음과 같은 도식을 사용한다.

피가수를 분해하는 방법

$$5+8$$
$$3+2+8$$
$$3+10=13$$

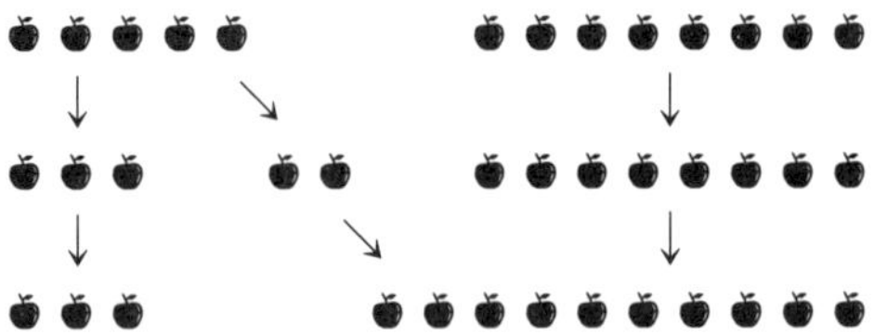

빨셈구구의 후반부는 "감수를 분해하는 방법"과 "피감수를 분해하는 방법"의 두 가지로 지도하는데 두 가지 방법 모두 10의 보수 관계를 이용한 세 수의 계산으로 바꾸어 계산하는 능력을 요구한다.

3) 감수를 분해하는 방법

예를 들어 12−7의 경우, 12는 빼어지는 수(피감수 被減數)이고 7은 빼는 수(감수 減數)인데, 피감수 12가 10+2인 점에 착안하여 감수 7을 2와 5로 가른 다음, 피감수 12에서 2를 먼저 빼어 10을 만들고, 여기에서 다시 5을 빼어 5를 답으로 하는 방법이다. "가르기와 모으기", "10의 보수 관계", "세 수의 계산" 등의 개념이 필요한 장면이다. 수식으로 표현하자면

$$\begin{aligned}12-7&=12+(-7)=12+((-2)+(-5))\\&=(12+(-2))+(-5)=(12-2)-5\\&=10-5=5\end{aligned}$$

인데, 수학적으로는 결합법칙과 분배법칙이 적용된다. 이 단계의 초등학교 학생들에게 결합법칙이나 분배법칙을 지도할 수는 없으므로 다음과 같은 도식을 사용한다.

감수를 분해하는 방법

$$12-7$$

$$12-2-5$$

$$10-5=5$$

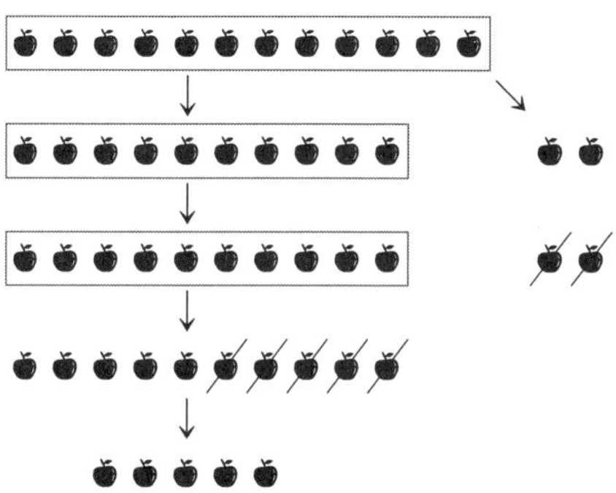

4) 피감수를 분해하는 방법

피감수를 (십)+(몇)으로 분해한 다음 10의 보수 관계를 이용한 뺄셈을 하고 이어서 남은 수끼리 덧셈을 하는 방법이다. 예를 들어 12−7의 경우, 피감수 12를 10과 2로 가른 다음 10에서 7을 빼어 3을 구하고 3과 2를 더하여 5를 답으로 하는 방법이다. 수식으로 표현하자면

$$\begin{aligned} 12-7 &= 12+(-7)=(10+2)+(-7) \\ &= 10+(2+(-7))=10+((-7)+2) \end{aligned}$$

$$=(10+(-7))+2=(10-7)+2$$
$$=3+2=5$$

인데, 수학적으로는 교환법칙, 분배법칙, 결합법칙이 모두 적용된다. 이들 법칙을 직접 지도할 수 없으므로 다음과 같은 도식을 사용한다.

피감수를 분해하는 방법

$$12-7$$
$$10+2-7$$
$$10-7+2$$
$$3+2=5$$

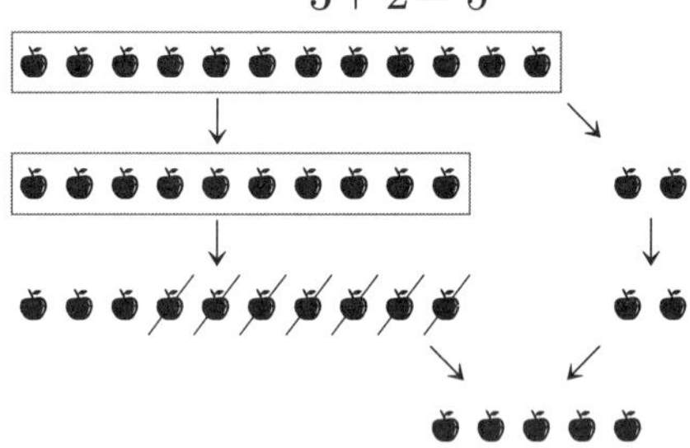

가수 분해와 피가수 분해 중 어느 것을 먼저 지도하여야 하는가 하는 점은 그다지 중요한 논쟁이 되지 않는다. 감수 분해와 피감수 분해의 경우에도 마찬가지이다.

수와 숫자의 차이는 무엇인가?

수는 개념이고 숫자는 그 개념을 나타내는 기호이다. 간단하다. 그런데 이 간단한 것을 왜 문제 삼는가? 이는 초등학교 수학에서는 수와 숫자의 의미를 가끔 혼용할 수밖에 없는 경우가 종종 발생하기 때문이다. 특히 숫자카드를 사용하는 조작 활동에서 이러한 혼용이 불가피한 경우가 많다. 예를 들어, 2014년에 발행된 교과서 『수학 1-1』 p.33에서는 다음과 같이 숫자 카드라고 부른다.

◎ 짝과 함께 숫자 카드를 뽑아 누구의 수가 더 큰지 비교해 보시오.

그러나 같은 책 p.167에서는 다음과 같이 수 카드라고 부른다.

◎ 수 카드를 사용하여 수의 크기를 비교해 글로 써 보시오.

42	10 10 10 10 1 1
33	

■ 42는 33보다 ____________.　　■ 33은 42보다 ____________.

숫자카드와 수 카드는 어떤 차이가 있는가? 초등 수학 교과서에서는 일반적으로 [0], [1], [2], [3], [4], [5], [6], [7], [8], [9]는 숫자카드라고 부르고, 그 외에 [10], [83] 등과 같은 카드는 수 카드라고 부른다. 그런데 이러한 기준은 그다지 논리적으로 분명한 것이라고 말하기 어렵다. 0~9도 수이므로 수 카드라고 불러서 잘못이라고 하기 어렵고, 10, 83도 숫자로 쓰여 있으니 숫자카드라고 불러서 잘못되었다고 말하기 어렵다. 애매한 기준으로 분류하기 보다는 그냥 모두 간단히 수 카드라고 불렀으면 좋지 않을까 하는 생각이 든다.

수와 숫자의 의미를 분명하게 구분하여 지도하는 장면은 2014년 발행된 교과서 『수학 2－1』 p.23의 다음과 같은 활동에서 나타난다. 예를 들어, 125에서 2는 십의 자리 숫자이고 20을 나타낸다고 지도하고 있다.

◎ 125의 자릿값을 알아보시오.

125에서
1은 백의 자리 숫자이고,
100을 나타냅니다.
2는 십의 자리 숫자이고,
20을 나타냅니다.
5는 일의 자리 숫자이고,
5를 나타냅니다.

백의 자리	십의 자리	일의 자리
1	2	5
	↓	
1	0	0
	2	0
		5

125 = [ ] + [ ] + [ ]

이러한 지도에도 불구하고 학생들은 다음과 같은 문제에서 혼란을 겪는다. 다음은 2014년에 발행된 『수학 익힘 2－1』 p.9에 나오는 문제인데, “10이 7인 수”를 “십의 자리 숫자가 7인 수”로 오해하여 70, 71, 72, …, 79에 동그라미 표시하는 학생들이 종종 있다. 10이 7인 수는 70 하나뿐이다.

◎ 아래 수 배열표에서 알맞은 수를 찾아보시오.

- 10이 7인 수를 찾아 ○표 하시오.
- 10이 9인 수를 찾아 △표 하시오.
- 10이 10인 수를 찾아 □표 하시오.

1	2	3	4	5	6	7	8	9	10
11	12	13	14	15	16	17	18	19	20
21	22	23	24	25	26	27	28	29	30
31	32	33	34	35	36	37	38	39	40
41	42	43	44	45	46	47	48	49	50
51	52	53	54	55	56	57	58	59	60
61	62	63	64	65	66	67	68	69	70
71	72	73	74	75	76	77	78	79	80
81	82	83	84	85	86	87	88	89	90
91	92	93	94	95	96	97	98	99	100

학생들만 혼란을 겪는 것이 아니다. 심지어 교과서 집필자들도 심심치 않게 오류를 범한다. 예를 들어 2014년에 발행된 『수학 익힘 3−1』 p.74에 나오는 다음과 같은 문제는 발문에서 “지워진 수”를 “지워진 숫자”로 수정하여야 한다.

◎ 지워진 수를 구하시오.

$$\begin{array}{r} \blacksquare\,6 \\ \times \quad 3 \\ \hline 1\,0\,8 \end{array}$$

100에 가까우려면
십의 자리 숫자가
얼마가 되어야 할까요?

이렇게 두루 퍼져 있는 혼란에 대하여 어떻게 대처하는 것이 좋을까? 두 가지 주장이 나올 수 있다. 첫째는 이들을 바로 잡아 바른 표현을 쓰도록 노력하는 일이다. 둘째는 혼란을 어느 정도 인정하고 문맥에 따라 현실에 적절히 대응하는 방법이다. 첫째는 원칙론이고 둘째는 현실론이다. 필자는 원칙론에 따른 엄청난 노력에서 나오는 그다지 만족스럽지 않을 효과를 예상해 볼 때, 원칙론보다는 현실론이 비교적 합리적인 대응 방법이라고 생각한다.

"개수"라고 불러야 하나, "수"라고 불러야 하나?

국립국어원 표준국어대사전에 따르면 "개수(個數)"와 "수(數)"는 각각 다음과 같이 풀이되어 있다.

개수03(個數)[개ː쑤]

「명사」 한 개씩 낱으로 셀 수 있는 물건의 수효.

수26(數)[수ː]

[I] 「명사」
「1」 셀 수 있는 사물을 세어서 나타낸 값.
「2」 『수학』 자연수, 정수, 분수, 유리수, 무리수, 실수, 허수 따위를 통틀어 이르는 말. 좁은 뜻으로는 자연수를 가리킨다.
「3」 『언어』 인도·유럽 어족의 언어에서, 명사·대명사의 수 개념을 나타내는 문법 범주. 하나의 사물을 나타내는 단수, 둘 이상의 사물을 나타내는 복수가 있으며, 그 외에도 둘이 한 단위가 되는 쌍수, 셋이 한 단위가 되는 삼수, 넷이 한 단위가 되는 사수 따위가 있다.
≒셈01[I] 「8」.

두 낱말 모두 뜻이 비슷하며 영어로는 공통적으로 number로 번역하여 사용할 수 있다. 차이가 있다면, “수”라는 명사는 일반적으로 두루 쓰일 수 있지만 “개수”라는 명사는 사용하는 데 많은 제약이 따른다. 예를 들어 “사람의 수”, “강아지의 수”라고 할 수는 있어도 “사람의 개수”, “강아지의 개수”라는 표현은 부적합하다. 그럼에도 불구하고 “개수”라는 말을 자주 사용하는 사람들은 그 이유가 아마도 “수”라는 말이 너무 간단하게 발음되어 뜻이 생략될까봐 “개수”라고 강조하기 위함인 듯하다.

필자의 생각으로는 꼭 필요한 경우를 제외하고는 자연스러운 우리말 표현을 위하여 구태여 “개수”라는 말을 두루 사용할 필요가 없다고 생각한다. “도토리의 개수”라는 표현보다는 “도토리의 수”라는 표현으로 충분하며 굳이 강조하고 싶으면 “도토리의 알 수”라는 것이 더 생동감 있다. “국화꽃의 개수”보다는 “국화꽃의 송이 수”가 더 싱그러운 표현이 되지 않겠는가?

2007 개정 교육과정에 따른 초등 수학 교과서 이전까지는 “개수”나 “수”를 병용 또는 혼용하여 사용하였다. 2009 개정 교육과정 문서에서조차도 “개수”라는 말을 사용하고 있으나, 2009 개정 교육과정에 따른 초등 수학 교과서에서는 될수록 “수”라는 용어로 통일하여 쓰고, “개수”라는 용어 사용을 피하였다.

"덧셈식"이라는 용어는 어떻게 생겨나게 되었는가?

초등 수학 교과서에서 덧셈의 개념을 도입하면서 “덧셈식”이라는 용어를 사용하기 시작한 것은 제5차 교육과정에 따른 교과서이다. 1989년에 발행된 교과서 『산수 1－1』 p.50에는 덧셈식을 지도하고 페이지 맨 밑에 (덧셈식 알아보기)라는 설명이 따라 나온다. 이것으로 보아서는 아직 “덧셈식”이라는 용어를 학생용으로 정식 사용한 것은 아니라는 것을 알 수 있다. 그러나 이 장면은 제6차 교육과정에 따라 1996년에 발행된 교과서 『수학 1－1』 p.66에서는 “덧셈식”이라는 용어를 사용하지 아니하고, “덧셈”이라고 표기되어 있다.

3＋2＝5

3 더하기 2는 5와 같습니다.

3＋1＝□

2＋3＝□

(덧셈식 알아보기)

〈1989년 발행된 『산수 1－1』 p.50〉

◎ **덧셈과 뺄셈**

■ 모두 얼마입니까?

2+1	4+1	4+2	3+3

(덧셈 알아보기)

〈1996년 발행된 『수학 1－1』 p.66〉

이러한 맥락으로 보자면, 3+1=4와 같이 등호가 들어있는 식은 "덧셈식", 3+1과 같이 등호가 들어있지 않은 식은 "덧셈"이라고 부르기로 하는 암묵적인 원칙이 있는 것으로 추정된다. 학생들도 부를 수 있도록 덧셈식이라는 용어를 명시적으로 사용하기 시작한 것은 제7차 교육과정에 따른 교과서이다. 2002년 발행된 교과서 『수학 1학년』 p.66에서는 차시 제목을 "덧셈식을 알아봅시다."로 설정하고, 2+5, 2+5=7을 지도하고 있다. 그러나 이후 p.74부터 전개되는 과정을 살펴보면 등호가 들어있는 식만을 "덧셈식"이라고 부르는 "암묵적 원칙"을 유지하고 있는 것으로 보인다. 그렇다면 이러한 암묵적 원칙은 타당한 것인가? 수학에서 식(式, expression)이란 수나 문자를 여러 가지 연산 기호로 연결한 것으로서 수학적 내용을 표현하는 언어나 문장과 같은 것이다. 또한 단항식, 다항식 등의 용어에서 알 수 있듯이 수나 문자 하나만으로도 식이라고 부를 수 있다. 따라서 2+5도 식이고 2+5=7도 식이 된다. 이때 덧셈을 나타내므로 둘 다 덧셈식이라고 불러서 무방하다. 굳이 등호가 들어있는 식과 등호가 들어있지 않은 덧셈식을 구분할 필요가 있을까? 항등식이나 방정식과 같은 개념을 다루지 않는 한 초등학교 1학년 시기에 이러한 구분은 불필요하다고 보인다. 2007 개정 교육과정에 따른 초등학교 수학 교과서에서부터는 이러한 구분 없이 둘 다 덧셈식이라고 부르기로 하였다.

참고로 미국 Macmillan McGraw-Hill 출판사에서 2009년 발행된 수학 교과서 『Math Connects 1』 p.49에서는 덧셈식을 addition sentence라고 부르고 있다.

덧셈과 뺄셈을 표현하는 도식은 어떻게 분류될 수 있는가?

자연수 집합의 범위 내에서만 본다면, 덧셈, 뺄셈, 곱셈, 나눗셈 중 뺄셈과 나눗셈은 수학적 연산으로서 불완전하다. 그러나 사칙 연산 개념의 역사적, 심리적 발달은 수학의 논리적 체계를 벗어난다. 특히, 초등학교에서 지도되는 사칙 연산은 어린이의 생활 속에서 일어나는 상황을 바탕으로 지도되어야 하기 때문에, 자연수 사칙 연산의 구체적인 실생활 맥락을 짚어보는 일은 중요하다. 덧셈의 실생활 맥락은 합병과 첨가의 상황으로 구분된다. 합병은 두 양이 동시에 존재하고 이들을 합하여 전체를 구하는 경우이다. 예를 들어 흰 구슬이 3개 있고 검은 구슬이 2개 있으면 구슬은 모두 5개라고 답하는 경우이다. 도식으로는 다음과 같이 나타낼 수 있다.

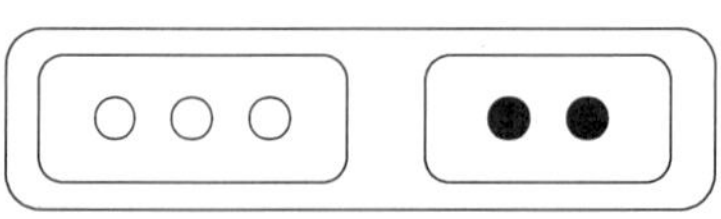

첨가는 하나의 부분에 다른 부분을 더 추가해서 전체를 구하는 경우이다 예를 들어 나무에 새가 3마리 앉아 있는데 2마리가 더 날아와 앉

으면 새는 모두 5마리라고 답하는 경우이다 도식으로는 다음과 같이 나타낼 수 있다.

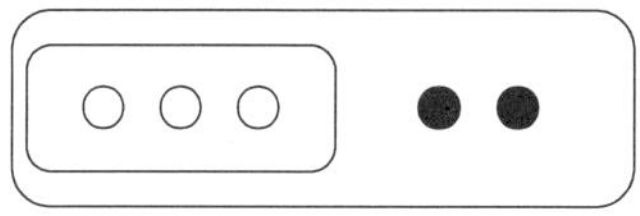

빼셈의 실생활 맥락은 구잔과 구차의 상황으로 구분된다. 구잔은 전체에서 그 중의 한 부분을 제거하여 나머지 부분을 구하는 경우이다 예를 들어 구슬 5개에서 3개를 꺼내면 2개가 남는다고 답하는 경우이다 도식으로는 다음과 같이 나타낼 수 있다.

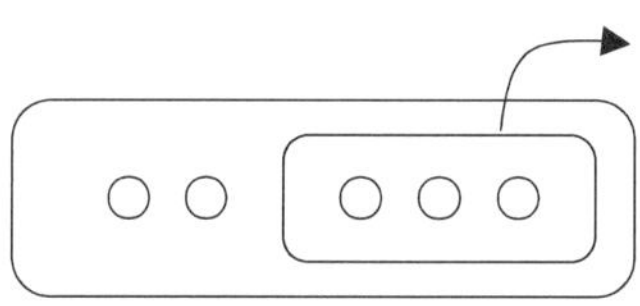

구차는 두 부분을 그 차이로 알아보는 경우이다 예를 들어 흰 구슬이 5개, 검은 구슬이 3개 있다면, 흰 구슬이 검은 구슬보다 2개 더 많다고 답하는 경우이다 도식으로는 다음과 같이 나타낼 수 있다.

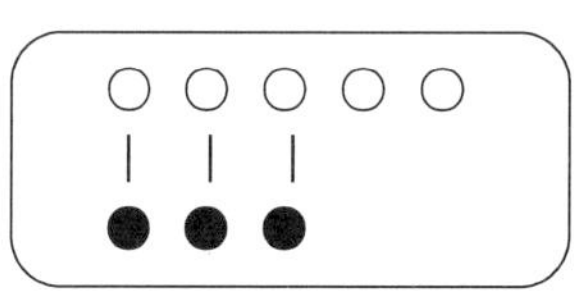

오늘날 인쇄술의 발달은 이러한 도식을 보다 동적(dynamic)인 표현으로 가능하게 한다. 2007년 일본 東京書籍에서 발행된 아타라시이 산수(あた

らしい　さんすう) 1에서는 합병, 첨가, 구잔, 구차의 상황을 각각 다음과 같은 도식으로 표현하고 있다.

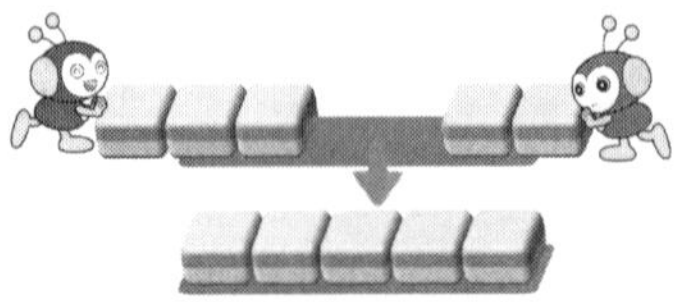

〈합병〉

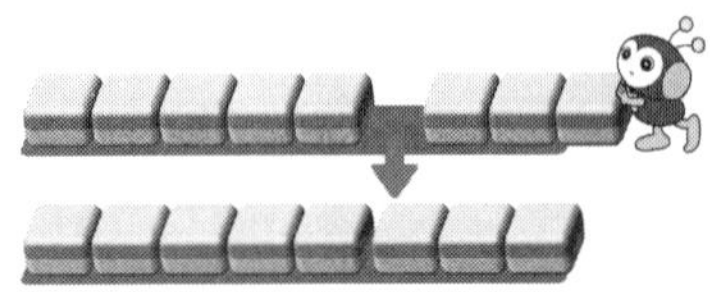

〈첨가〉

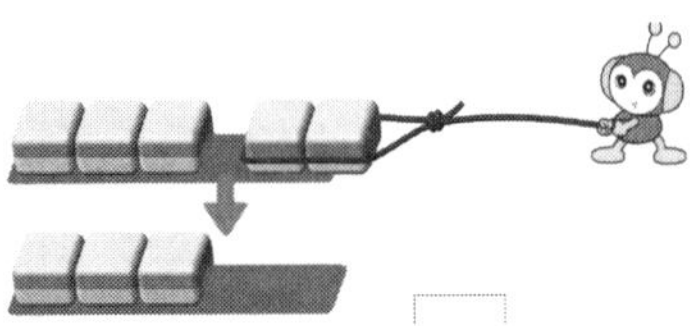

〈구잔〉

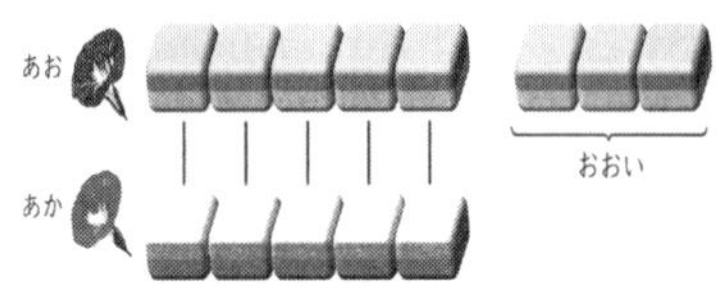

〈구차〉

1+1=1이라고 약속하면 그렇게 되는가?

"왜"라는 호기심은 어디든 갖다 붙여도 좋다고 할 수 있는 인지적 동기이지만, 아무데나 마구 갖다 붙이다 보면 답하기가 난감해질 수도 있다. 사실 "왜 1+1=2인가?"라고 질문하게 되면 수학적으로 답하기가 난감하다. 이때 흔히 하는 답변이 "그렇게 약속했으니까."이다. 이러한 답변은 굳이 틀렸다고 할 수야 없지만, 썩 좋은 답변 같아 보이지는 않는다.

흔히 수학은 약속의 학문이고 1+1=1이라고 약속하면 "1 더하기 1도 1이 될 수 있다"는 식으로 말하곤 하지만 이것은 수학을 너무 단순하게 이해해서 많은 오해를 불러일으키는 원인이 되기도 한다. 수학적 약속은 단순히 "내일 몇 시에 어디에서 만나자"는 식의 약속이 아니다. 정확히 말해서 수학이라는 학문에서는 "약속"이라는 용어를 사용하지 않으며, 대신에 정의(definition)이라는 용어를 사용한다.

자연수와 자연수의 연산 덧셈(+)을 수학적으로 엄밀하게 정의할 때에는 페아노(Peano)의 공리계를 도입한다. 페아노의 공리계에 따르면 자연수와 자연수의 덧셈은 다음과 같이 정의된다.

1) 자연수의 정의

다음의 네 가지 조건을 모두 만족시키는 집합을 ℕ이라고 하고, 자연수 전체의 집합이라고 부른다.

① 이 집합에는 단위원 1이 반드시 포함되어 있어야 한다. ($1 \in \mathbb{N}$)

② 이 집합 ℕ의 어떠한 원소 x에 대해서도 "x의 후자(後者)"라고 불리는 x^+이 ℕ에 포함된다. 함수적으로 다시 말하면 집합 ℕ에서 자기 자신 ℕ으로 가는 전단사함수 또는 일대일 사상 $f : \mathbb{N} \to \mathbb{N}$, $f(x) = x^+$가 존재한다.

즉, $f(x) = f(y)$ 또는 $x^+ = y^+ \Rightarrow x = y$

③ 집합 ℕ의 어떠한 원소 x에 대해서도 x의 후자는 단위원 1이 될 수 없다. (모든 $x \in \mathbb{N}$에 대하여 $x^+ \neq 1$)

④ (귀납법 공리) ℕ의 부분집합 $S(\neq \varnothing)$가 다음 두 조건을 만족하면 $S = N$이다.

$$\begin{matrix} 1 \in S \\ x \in S \end{matrix} \quad \Rightarrow \quad x^+ \in S$$

이렇게 정의된 자연수 전체의 집합 ℕ에 대하여 이항 연산 덧셈을 다음과 같이 정의한다.

2) 자연수의 덧셈

자연수 전체의 집합 ℕ에 포함된 임의의 두 원소 x, y에 대하여 이항 연산 $+$를 다음과 같이 정의한다.

① $x+1=x^+$
② $x+y^+=(x+y)^+$

이렇게 정의하면

$$1+1=1^+$$
$$1+1^+=(1+1)^+=(1^+)^+$$
$$1+(1^+)^+=(1+1^+)^+=((1^+)^+)^+$$
$$\vdots$$

이 된다. 이때 반복되는 복잡한 + 기호를 생략하기 위해,

$$1^+=2,$$
$$2^+=3$$
$$3^+=4$$

등으로 숫자 1, 2, 3, 4, 5, 6, …을 정하면 오늘날 우리가 사용하는 자연수의 모습과 같아지는 것이다.

1+1=2라는 약속이 이렇게 복잡하다는 것을 안다면 약속이라는 말의 수학적 의미를 제대로 안 것이지만, 일반인 특히 어린 초등학생들에게 이러한 배경을 쉽게 이해하도록 설명하는 것은 많은 수고와 노력이 필요하다. 따라서 앞뒤의 충분한 배경 설명 없이 "1 더하기 1은 2라고 약속하였기 때문에 1+1=2이다"라고 단순하게 말하는 것은 수학을 제대로 이해하는 데 전혀 도움이 되지 않는 언어유희(言語遊戲)에 불과하다는 점에 유의하여야 한다.

우리말 수사와 한자 수사는 각각 어떤 경우에 사용하는가?

명수법(命數法)은 수를 부르는 말, 즉 수사(數詞)를 정하는 방법을 말한다. 명수법은 각 민족의 언어와 밀접한 관련이 있다 우리나라의 경우에는 우리말 고유의 수사도 있지만, 중국 문화의 오랜 영향으로 한자 수사가 같이 쓰이고 있다.

오늘날 우리들이 사용하는 우리 말 수사는

하나, 둘, 셋, 넷, 다섯, 여섯, 일곱, 여덟, 아홉,
열, 스물, 서른, 마흔, 쉰, 예순, 일흔, 여든, 아흔,

등이 있으며, 이제는 잘 사용하지 않는 온(100), 즈믄(1000) 등의 수사도 있다. 이들은 모두 집합수를 지칭할 때 사용되며, 순서수를 나타낼 때에는 끝에 "~째"를 붙여 말한다. 다만, 맨 처음을 말할 때에는 "첫째"라고 말한다.

한자 수사는

일, 이, 삼, 사, 오, 육, 칠, 팔, 구, 십, 백, 천, 만, 억, 조

등과 같이 한자 기수법에 따른 숫자를 그대로 읽으면 된다.

바른 우리 말 사용을 위해서는 백 미만의 수를 말할 때에는, 예를 들어 "34개"를 "삼십사 개"라고 읽기보다는 "서른네 개"라고 읽는 것이 바람직하다 이러한 수를 "셈수"라고도 부른다. 셈수 이외의 경우에는 대체로 한자어 수사를 사용한다. 특히 연속량의 경우에는 예를 들어 67km를 "예순일곱 킬로미터"라고 하지 않고 "육십칠 킬로미터"라고 읽는다.

언제 우리말 수사를 사용하고, 언제 한자 수사를 사용하여야 하는지에 대한 원칙은 명확하지 않다. 다만 우리의 생활 속에서 사용하는 맥락을 받아들이고 그에 따르는 수밖에 없다. 예를 들어 시각을 말할 때 "3시"는 "세시"로 말하는 것이 일반적이고 "삼시"라고 말하면 잘 알아듣기 어렵다. 같은 시각을 말할 때에라도, 24시제에 따라서 "13시"는 "열세시"라고 말하기 보다는 "십삼시"라고 말하는 경우가 더 많다. 그런가 하면 "3시 3분"은 "세시 삼분"이라고 하지, "삼시 삼분", "세시 세분", "삼시 세분"이라고 말하는 경우는 거의 없으며, 그렇게 말하면 듣는 사람이 어리둥절해 한다.

한편 아파트 "4동"이라고 말할 때 4는 대부분 순서수 또는 명목수로 이해되지만, 아파트 "네 동"이라고 말할 때 "네"는 집합수이다. 그렇다고 해서 한자 수사는 순서수에, 우리말 수사는 집합수에만 쓴다는 규정은 없다. 다만 우리말 수사는 "하나, 둘, 셋, 넷, …"이라는 집합수와 "첫째, 둘째, 셋째, 넷째, …"라는 순서수 표현이 구분되기 때문에 맥락에 따라 구별하여 사용한다.

그런가 하면, 물건을 셀 때에는 주로 우리말 수사를 쓰지만 측정치를 말할 때에는 한자 수사를 주로 쓰기도 한다. "64명"은 "예순 네 명"이라고 말하지만 64kg을 "예순네 킬로그램"이라고 읽지는 않는다.

수모형이 편리한가, 연결큐브가 편리한가?

수 모형은 십진블록(base 10 blocks)을 말한다. 십진블록은 디에네스(Z. P. Dienes)의 다진수 블록(multibase arithmetic blocks) 아이디어에서 나온 것인데 위치적 기수법의 원리를 학습하는 데 유용하게 사용될 수 있다. 수 모형은 수와 연산 영역 외에 측정 영역에서도 유용하게 사용될 수 있는데, 1리터의 양감을 키우는 데 천 모형을 사용하면 좋다.

수 모형은 1, 10, 100, 1000 단위로 한 변이 1cm인 정육면체를 이어 붙인 것이기 때문에 위치적 기수법의 원리을 이해하는 데에는 도움이 되지만, 받아 올림이 있는 덧셈이나 받아 내림이 있는 뺄셈을 지도하려 할 때에는 약간 불편한 점도 있다. 이러한 경우에 연결큐브를 사용할 수도 있다.

연결큐브는 링킹큐브(linking cubes) 또는 스냅큐브(snap cubes) 등 다양하게 불리기도 하는데, 하나하나의 블록을 각 방향에서 끼워 이을 수 있도록 만든 교구이다. 큐브 하나의 크기는 한 변의 길이가 1cm인 것도 있고 2cm인 것도 있다. 손동작이 예민하지 못한 저학년에서는 한 변의 길이가 2cm인 연결큐브를 사용하는 것이 바람직하다. 연결큐브는 보통 10가지 정도의 다양한 색상으로 제작되어 있어서 입체도형 영역을 지도할 때에도 유용하게 사용된다.

수 모형은 제7차 교육과정에 따른 교과서에 처음 도입되었고, 연결큐브는 2009 개정 교육과정에 따른 교과서에서 본격적으로 사용되기 시작하였다. 수 모형이든 연결큐브이든 각각의 특성에 맞추어 다양한 영역에서 자유롭게 사용하는 것이 중요하다.

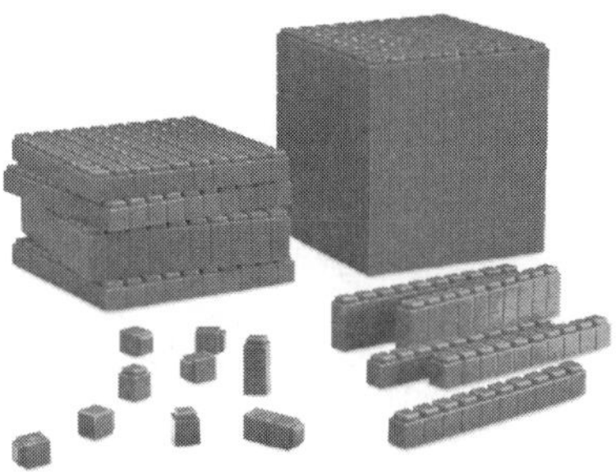

〈수 모형〉

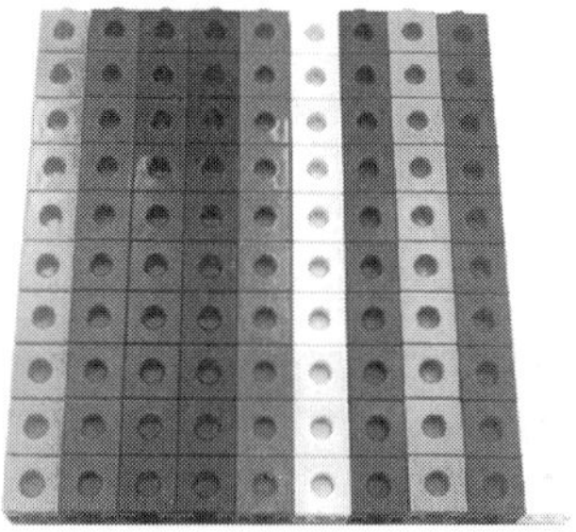

〈연결큐브〉

10이 7인 수란 무엇인가?

10이 7인 수란 70을 말한다. 그런데 다음과 같이 문제를 제시하면 10이 7인 수를 70, 71, 72, 73, 74, 75, 76, 77, 78, 79로 답하는 학생들 또는 학부모들이 종종 나타난다.

◎ 아래 수 배열표에서 알맞은 수를 찾아보시오.

- 10이 7인 수를 찾아 ○표 하시오.
- 10이 9인 수를 찾아 △표 하시오.
- 10이 10인 수를 찾아 □표 하시오.

1	2	3	4	5	6	7	8	9	10
11	12	13	14	15	16	17	18	19	20
21	22	23	24	25	26	27	28	29	30
31	32	33	34	35	36	37	38	39	40
41	42	43	44	45	46	47	48	49	50
51	52	53	54	55	56	57	58	59	60
61	62	63	64	65	66	67	68	69	70
71	72	73	74	75	76	77	78	79	80
81	82	83	84	85	86	87	88	89	90
91	92	93	94	95	96	97	98	99	100

70, 71, 72, 73, 74, 75, 76, 77, 78, 79는 10이 7인 수가 아니라 십의 자리 숫자가 7인 수이다. "10이 7인 수"라는 식의 어법은 초등 수학 교과서에서 자주 쓰이는 독특한 방법이다. 이러한 어법은 2학년 1학기쯤에 등장하는데 예를 들면 다음과 같이 사용된다.

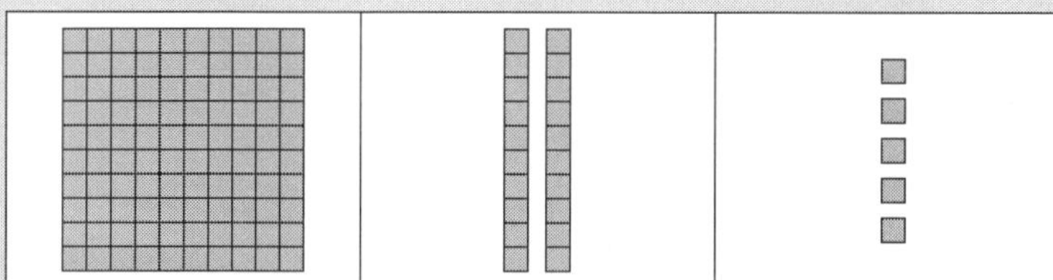

100이 1	10이 2	1이 5
백	이십	오

100이 1, 10이 2, 1이 5이면 125입니다.
125는 백이십오라고 읽습니다.

◎ 짝과 함께 문제를 내고 맞히는 놀이를 해 보시오.

100이 □, 10이 □, 1이 □ 이면 □

□(은)는 100이 □, 10이 □, 1이 □

"10이 7인 수"란 좀 풀어서 말하자면 "10이 7개 모인 수"라고 할 수 있는데 "개"라는 표현이 좀 어색해서 그냥 "10이 7인 수"라고 부르는 것뿐이다("개수"와 "수"의 차이에 대한 논의 참고).

여러 가지 방법으로 계산하기와 표준 알고리즘의 지도 순서는 어떻게 결정하는가?

예를 들어 27+14를 세로로 써서

$$\begin{array}{rrr} & 2 & 7 \\ + & 1 & 4 \\ \hline \end{array} \quad \Rightarrow \quad \begin{array}{rrr} & \boxed{1} & \\ & 2 & 7 \\ + & 1 & 4 \\ \hline & & 1 \end{array} \quad \Rightarrow \quad \begin{array}{rrr} & 1 & \\ & 2 & 7 \\ + & 1 & 4 \\ \hline & 4 & 1 \end{array}$$

와 같이 오른쪽 일의 자리, 십의 자리의 순서로 계산하는 방법은 인도-아라비아 숫자가 지닌 위치적 기수법의 장점에 따른 것으로서 그동안 산수 교육에서 매우 중요한 위치를 지켜왔다. 그러나 계산기가 발달한 오늘날의 관점에서 보자면 그 유용성의 독점적 가치도 많이 줄어들었다.

사실 27+14의 답을 구하는 방법은 매우 다양하다. 예를 들어, 20과 10을 더하여 30, 7과 4를 더하여 11, 따라서 30과 11을 더하여 41이라고 답을 구해도 된다. 이외에도 많은 여러 가지 계산 방법이 있다. 위치적 기수법의 원리를 이용하여 오른쪽 일의 자리부터 세로로 계산하는 방법을 표준 알고리즘이라고 한다면, 표준 알고리즘 이외의 계산 방법을 초등학교 교과서에서 본격적으로 다루기 시작한 것은 제7차 교육과정에 따른 교과서부터이다. 2007년 발행된 교과서 『수학 2학년』 p.33에서는 다음과 같은 내용을 다룬다.

여러 가지 방법으로 합을 구하기

■ 48+9를 다음과 같이 계산하여 보시오.

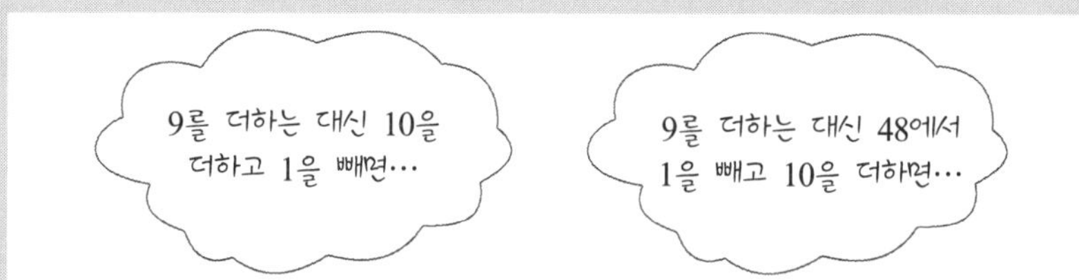

$48+9=48+10-1$
$=58-1=\square$

$48+9=48-1+10$
$=47+10=\square$

■ 다른 방법으로도 계산하여 보시오.

여러 가지 방법으로 계산하기는 표준 알고리즘을 배우고 난 이후에 제시되는데, 이러한 지도 순서에 대하여는 좀 논의가 필요하다. 표준 알고리즘을 학습하고 난 이후에 다양한 방법으로 계산하기를 지도하는 것도 나름대로 근거는 있다. 즉, 표준 알고리즘에 얽매이지 말고 다양한 방법을 사용할 수도 있다는 열린 생각을 가지도록 유도한다는 점이다.

그런데 이러한 주장은 교육학적, 특히 구성주의적 관점에서 보아 매우 소극적인 것이다. 다양한 계산 방법은 표준 알고리즘 이후에 표준 알고리즘에 의해 변형되어 나온 것이 아니고, 아동의 자발적이고 창의적인 마음 바탕에서부터 시작되어야 한다. 콘스탄스 카미(Constance Kamii)가 NCTM을 통해 1989년 제작한 「Double－Column Addition : A

Teacher Uses Piaget's Theory」라는 필름을 보면 다양한 계산 방법은 표준 알고리즘의 대안이 아니고, 오히려 표준 알고리즘 자체가 다양한 계산 방법의 하나일 뿐이라는 것을 쉽게 알 수 있다.

이러한 관점에서 2009 개정 교육과정에 따른 초등 수학 교과서에서는 다양한 계산 방법을 표준 알고리즘 이전에 지도하기로 순서를 바꾸었다.

곱셈의 개념을 배 개념으로 지도하기까지 어떤 우여곡절을 겪었나?

곱셈의 실생활 맥락은 곱집합과 동수누가의 상황으로 구분된다. 곱집합 상황은 두 집합의 각 원소들끼리 짝짓는 순서쌍의 전체 수를 구하는 경우이다 예를 들어 웃옷 3가지와 바지 2가지를 가지고 입는 방법은 모두 6 가지라고 답하는 경우이다 수식으로 표현하자면

$$\{a, b, c\} \times \{x, y\} = \{(a, x), (a, y), (b, x), (b, y), (c, x), (c, y)\}$$

이다. 그러나 이러한 상황은 곱셈이 도입되는 초등학교 저학년 단계의 어린이들에게는 매우 추상적인 것이어서 지도에 무리가 많이 따른다. 실제로도 1970년대의 수학 교과서에는 이러한 방법을 사용하였지만(그림 참조), 오늘날에는 이러한 방법으로 곱셈을 도입하는 것을 바람직하게 여기지 않고 있다.

요즈음에는 곱셈 개념을 동수누가 상황으로 도입한다. 동수누가 상황은 몇씩 몇을 구하는 경우이다. 예를 들어, 빵이 한 접시에 2개씩 3접시 있으면 빵은 모두 6개라고 답하는 경우이다. 동수누가 상황을 익히는 활동으로는 묶어세기와 뛰어세기 활동이 있다.

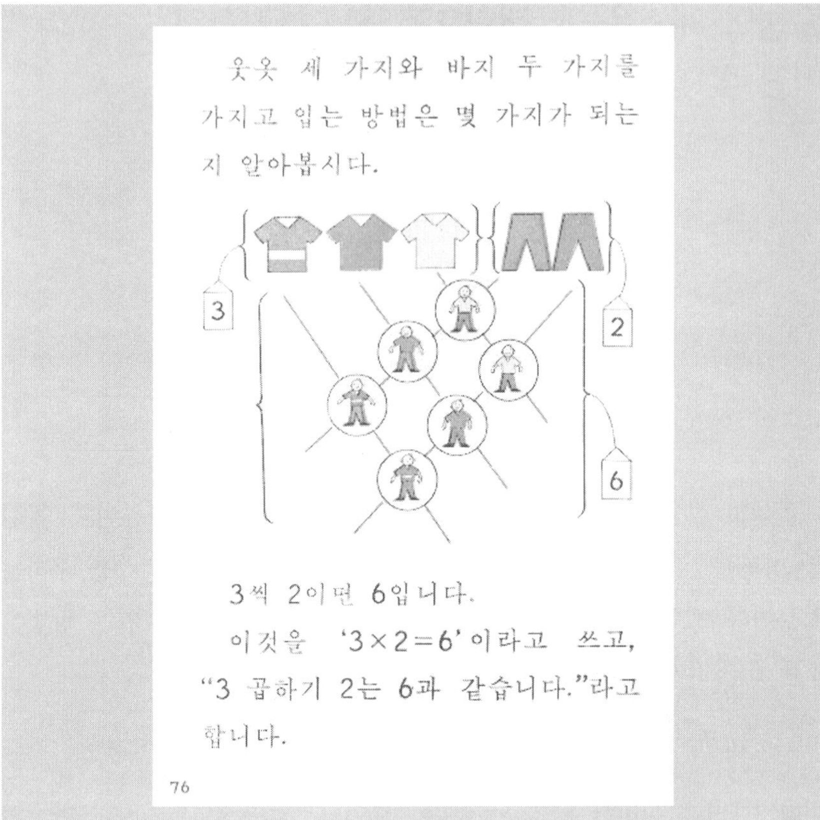
웃옷 세 가지와 바지 두 가지를 가지고 입는 방법은 몇 가지가 되는지 알아봅시다.

3씩 2이면 6입니다.

이것을 '3×2=6'이라고 쓰고, "3 곱하기 2는 6과 같습니다."라고 합니다.

76

〈1979년 발행된 『산수 2－1』 p.76〉

동수누가 상황을 곧바로 곱셈으로 나타내는 것보다는 동수누가 상황을 배 개념으로 발전시킨 다음, 배 개념을 바탕으로 곱셈을 도입하는 것이 바람직하다 예를 들어 2의 3배는 2×3으로, 3의 2배는 3×2로 나타낸다. 영어권에서는 우리와 반대로 2의 3배를 3×2(3 times 2)로 나타낸다.

곱셈의 계산 결과는 곱이라고 부른다. 예를 들어 2와 3의 곱은 6이다 이것을 곱셈식으로

$$2 \times 3 = 6$$

이라고 쓴다. 도식으로는 다음과 같이 직사각형 배열을 사용하여 나타낼 수 있다.

곱셈은 동수누가라는 덧셈을 발판으로 발달하지만, 덧셈과 곱셈은 질적으로 전혀 다른 연산이다. 차원이 다른 동수누가 개념과 곱셈 개념을 이어주는 것이 배 개념이다. 말하자면 ① 동수누가, ② 배 개념, ③ 곱셈 개념의 순서로 지도되어야 하는 것이다. 그만큼 배 개념은 중요한 학습 요소이다.

그런데 이 중요성을 잘못 해석하여 지도한 적이 있다. 7차 교육과정에 따라 2007년에 발행된 초등학교 교과서 『수학 2-가』 p.112에서 "곱셈식을 알아봅시다."라는 차시를 지도한 직후에 p.114에서 "몇 배를 알아봅시다."라는 차시를 지도하고 있다. 곱셈 개념과 배 개념을 연관 지은 것은 바람직하지만 순서는 반대가 되었어야 더 효과적이라고 말할 수 있다.

곱하기 기호를 쓰는 데 순서를 지켜야 하는가?

곱하기 기호 ×를 쓰기 위해서 왼쪽 위에서부터 비껴 그어내려야 할까, 오른쪽 위에서부터 비껴 그어내려야 할까? 별 시답지 않은 것을 문제 삼는다는 사람이 많겠지만 가끔은 이것도 중요한 것이라며 오른쪽 위에서부터 비껴 그어 내리도록 엄격히 지도하라고 주장하는 사람들이 심심치 않게 나타난다.

다양성과 창의성을 존중하는 오늘날의 교육 풍토로 보아서는 이것은 실로 문제가 되지 않는다. 심지어 오른쪽 아래에서부터 비껴 그어 올려도 아무 문제가 되지 않는다. 2009 개정 교육과정에 따른 초등 수학 교과서에서는 이러한 점에 대하여 아무런 언급을 하지 않고 있다. 자유롭게 쓰도록 하라는 뜻이다. 간혹 쓸데없는 고집을 피우는 사람들과의 논쟁을 피할 수 있도록 2014년에 발행된 『2학년 1학기 교사용 지도서』 p.390에서는 다음과 같이 안내하고 있다.

그런데 이런 하찮아 보이는 것까지도 엄격한 쓰기 순서를 지도하여야 한다고 주장하는 사람들이 종종 끊임없이 나타나는 이유는 무엇일까? 필자가 살펴본 바로는 아직도 이러한 쓰기 순서 지도를 강조하고 있는 일본 교과서의 영향과 우리도 한때 그러한 지도를 강조했었던 과거의 경험 때문이 아닐까 생각한다.

배를 곱셈 기호로 나타내기

Q 6의 4배를 곱셈 기호로 나타내고 읽어보세요. 6×4라고 쓰고 '6 곱하기 4'라고 읽습니다.

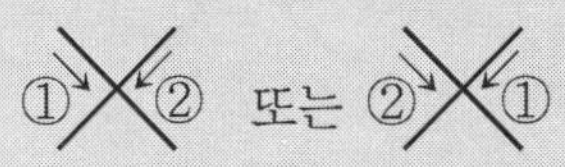

2007년 일본 東京書籍에서 발행된 『아타라시이 산수(あたらしいさんすう) 1』 p.33에서 덧셈 기호 +와 등호 =를 다음과 같은 순서로 쓰도록 지도하고 있다.

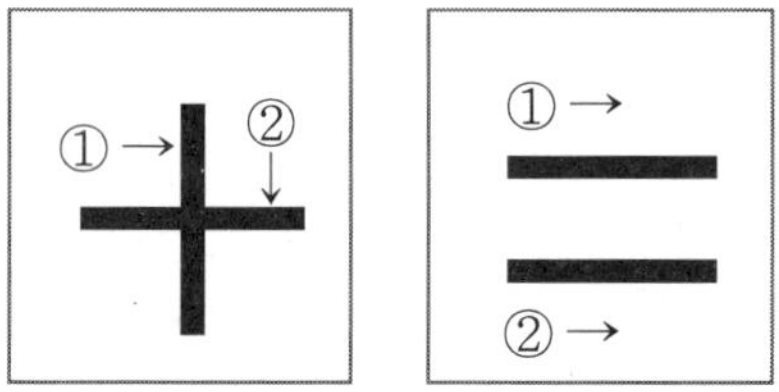

같은 출판사에서 발행된 『아타라시이 산수(あたらしい さんすう) 2下』 p.6에서는 곱셈 기호의 쓰기 순서, 3上의 p.24에서는 나눗셈 기호의 쓰기 순서를 각각 다음과 같이 제시하고 있다.

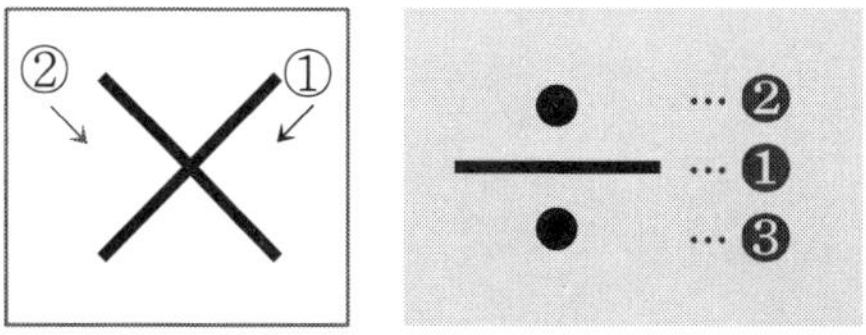

우리나라에서도 제2차 교육과정에 따라 1966년에 발행된 교과서 『산수 2－2』 p.57에서 곱셈 기호 쓰는 순서를 다음과 같이 강조하고 있다.

×는 곱하는 표입니다. 2의 6배를 구할 때도 2×6으로 씁니다.

나눗셈 기호를 쓰는 순서는 『산수 3－1』 p.96에서 다음과 같이 제시하고 있다.

12÷4를 "12 나누기 4"라고 읽습니다. "÷"는 나누기의 표시입니다.

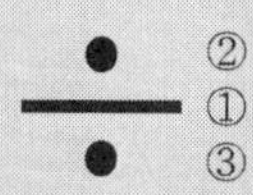

의 순으로 쓰면 됩니다.

질서와 순종을 강조하던 권위적인 시대에는 이러한 쓰기 순서조차도 의미 있는 교육 내용이었을 수는 있을 것이다. 그러나 오늘날에는 왼손으로 글씨 쓰는 사람보고 뭐라고 지적하지 않듯이 쓰기 순서를 굳이 강박적으로 지도할 필요는 없다고 본다.

자릿값의 원리란 무엇인가?

자릿값의 원리란 위치적 기수법의 원리를 초등학생들이 알아듣기 쉽도록 풀어서 쓴 말이다. 위치적 기수법은 각 숫자를 쓰는 자리에 수 값을 미리 정하여 그 자리에 쓰이는 숫자와 그 자리에 정해진 수 값을 곱한 다음 이들의 값을 더하여 전체 수 값을 나타내는 방법이다. 위치적 기수법이 널리 퍼지기 전까지 이집트, 로마 등에서는 가법적 기수법을 사용하였다. 위치적 기수법의 대표적인 예는 오늘날 우리들이 전 세계적으로 사용하는 기수법으로서 인도−아라비아 기수법이라고도 불린다. 예를 들어 3403은

$$3\times1000+4\times100+0\times10+3$$

으로 해석한다. 위치적 기수법에서 중요한 것은 아무 것도 없음을 나타내는 숫자 0의 사용이다.

고대 마야인들도 위치적 기수법을 가법적 기수법과 함께 사용한 것으로 보이는데, 그들은 다음과 같은 숫자를 사용하고, 이들을 세로로 적어서 나타내었다.

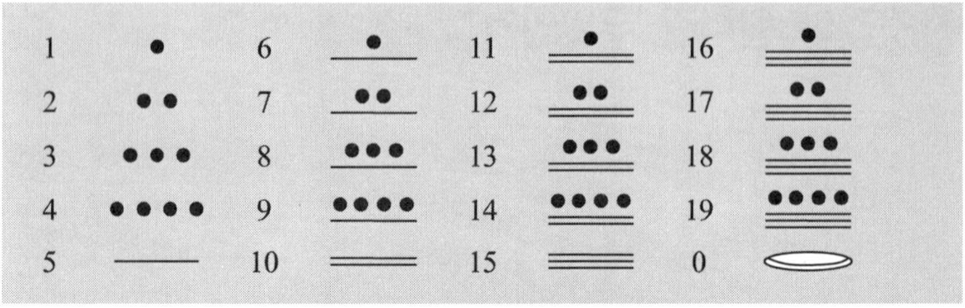

특이한 것은 이들은 변형된 20진법을 사용하였는데, 밑에서 세 번째 자리의 값은 20의 제곱이 아닌 18×20이었다 따라서

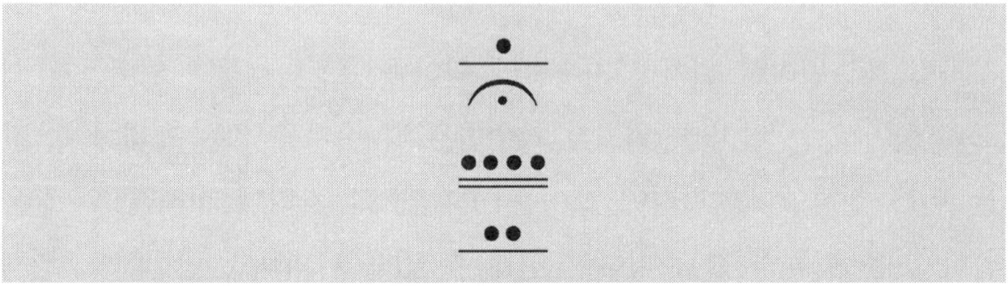

이라고 쓰인 것은

$$6\times(18\times202)+0\times(18\times20)+14\times(20)+7$$

로 해석하여 43,487을 나타낸다.

짝수, 홀수의 정의는 무엇인가?

짝수는 2의 배수이고, 나머지는 홀수이다. 끝? 이러한 설명으로 충분할까? 국립국어원의 표준국어대사전에 따르면 짝수와 홀수의 뜻은 각각 다음과 같다.

짝－수(－數)[－쑤]
「명사」『수학』 2로 나누어서 나머지가 0이 되는 수. 2, 4, 6, 8, 10 따위의 수를 이른다. ≒우수08.

홀－수(－數)[－쑤]
「명사」『수학』 2로 나누어서 나머지 1이 남는 수. 1, 3, 5, 7, 9 따위의 수를 이른다. ≒기수06(奇數)·홀수「2」.

즉, 표준국어대사전에서 말하는 짝수와 홀수는 자연수에 한정된다. 그러나 수학에서는 짝수(even number)란 2로 나누어떨어지는 정수(integer)를 말한다. 짝수 이외의 정수는 홀수(odd number)이다(1984년 발행된 『콘사이스 수학사전 624』 p.771와 1982년 발행된 『The Prenticehall Encyclopedia of Mathematics』 p.352 참조). 다시 말하자면, 수학에서는 －6, －4, －2, 0, 2 등이 모두 짝수이지만, 표준국어대사전에서는 －6, －4,

−2, 0 등은 음의 정수와 0에 대해서는 언급이 없다. 어차피 초등학교에서는 음의 정수를 지도하지 않으므로 −6, −4, −2 등은 문제가 되지 않겠지만, 0이 문제이다.

초등학교 수학에서 0을 짝수라고 지도하여야 할 것인가? 제3차 교육과정에 따라 1979년 발행된 교과서 『산수 2−1』 p.60에서는 짝수와 홀수를 다음과 같이 정의하고 있다.

> 0, 2, 4, 6, 8, 10과 같은 수를 '짝수'라고 합니다.
> 1, 3, 5, 7, 9, 11과 같은 수를 '홀수'라고 합니다.

그런데 2009 개정 교육과정에 따라 2014년 발행된 교과서 『수학 1−1』 p.169에서는 역시 예시적 정의를 사용하여 "2, 4, 6, 8, 10, … 같이 둘씩 짝을 지을 수 있는 수를 짝수라고 한다."고 제시하고 있다. 0을 제외한 국립국어원의 표준국어대사전의 뜻과 같다. 그러나 나중에 중학교에 진학하여 정수에 대하여 배우고 나면 이 개념은 수정되어야 한다.

문제는 표준국어대사전에 따르려고 할 것 같으면 거의 일상적으로 통용되고 있는 짝수와 홀수의 개념을 명시적으로 지도하여야 할 필요가 있을 것인가 하는 점이다. 굳이 지도하지 않아도 학생들은 생활을 통해 다 알고 있으며, 짝수나 홀수 개념이 수학적으로 엄밀히 사용되는 문제 상황도 초등학교에서는 거의 없다. 0을 배우지 않으면 모르지만 이미 앞에서 0을 배웠는데 0을 제외하고 짝수를 정의하는 것은 수학적으로 문제가 있다. 약수와 배수의 개념을 배운 뒤에 0도 2의 배수이므로 짝수라고 지도하던가, 차라리 짝수라는 용어를 명시적으로 지도하지 말고 생활 용어로 지도하는 것이 바람직하다고 본다.

계산은 무엇이고, 연산은 무엇인가?

연산(operation)은 한 집합에서 하나 이상의 원소를 택하여 다른 한 원소에 대응시키는 함수를 의미한다. 연산은 택하는 원소의 수에 따라 일항 연산, 이항 연산 등으로 구분하기도 한다. 예를 들어 제곱근 구하기는 일항 연산에 해당하고, 덧셈, 뺄셈, 곱셈, 나눗셈의 사칙 연산은 이항 연산에 해당한다.

계산(calculation)은 수, 양, 식을 연산의 법칙에 따라서 처리하는 과정을 말한다. 계산의 기초는 사칙 연산이다.

계산과 연산은 종종 혼동하여 사용되기도 하지만 엄밀하게 구분하자면, 연산은 수학적 법칙, 계산은 그 법칙에 따라 수식을 처리하는 과정을 말한다. 초등학교 수학에서는 그냥 계산이라는 용어만 사용하여도 무방하다.

19단 외우기는 과연 효과가 있을까?

한때 수원 지역의 한 초등학교 교장 선생님이 전교생에게 19단 외우기를 강조하여 언론에 보도되고, '인도에서도 19단 외우기를 지도한다더라'라는 소문이 퍼지자 19단 외우기가 과연 효과적인 수학 학습 방법인가에 대하여 논란이 일었던 적이 있었다.

결론부터 말하자면 19단 외우기는 효과 없는 학습이다. 효과 이전에 19단 외우기를 하여야 하는 당위성을 따지자면 우리는 20진법을 사용하여야 한다. 고대 마야 문명에서나 사용하던 이십진법을 오늘날 굳이 사용할 것이 아니라면 19단 외우기는 불필요한 노력 낭비이다. 오늘날 전 세계는 십진법을 사용하며, 전산 정보 처리 기술에서는 이진법을 사용한다.

학습 효과의 측면에서 보더라도 19단 외우기는 불필요하다.

$17 \times 13 = 221$을 외워서 어디에 써먹을 것인가? 곱셈은 9단 외우기만으로 충분히 가능하다. 단기 기억력에 의존해야 하는 계산 능력의 발달을 위해서도 19단 외우기로 뇌의 부담을 가중시킬 필요가 없다.

큰 수의 세 자리 쉼표는 어떻게 지도하여야 하는가?

예를 들어, 어떤 기업의 자산 가치가 1000000000000원이라고 하자. 쉽게 읽어 알아볼 수 있는가? 실생활에서는 다섯 자리 이상의 큰 수를 이렇게 기록하지 않는다. 1,000,000,000,000원이라고 쓰면 좀 나아지는가? 실생활에서는 이렇게 세 자리마다 쉼표를 찍어 표시한다. 이 방법은 그런대로 도움이 되는 것 같다. 아예 1조원이라고 쓰면 더 쉽다. 이러한 문제는 한자 문화권과 영어 문화권에서 사용하는 수사 체계의 차이 때문에 발생한다. 영어 문화권에서는 큰 수를 thousand, million, billion, trillion 등 10^3배마다 끊어 읽지만, 한자 문화권에서는 만, 억, 조, 경 등 10^4배마다 끊어 읽는다. 1,000,000,000,000원을 1,0000,0000,0000원이라고 쓰면 한자 문화권에 속하는 우리로서야 편하고 좋겠지만, 거꾸로 영어 문화권에서는 당황스러울 것이다. 10^3배마다 끊어 읽는 방법과 10^4배마다 끊어 읽는 방법의 대결은 현재 전자가 후자의 양보를 받아낸 상태이다.

초등학교 수학 교육에서는 이 문제를 어떻게 해결하고 있을까? 당연히 미국의 수학 교과서에서는 세 자리마다 쉼표를 찍는 방법을 직접 지도하고 있다. 2009년 미국 Macmillan McGraw-Hill 출판사에서 발행된 수학 교과서 『Math Connects 4』 p.23에서는 다음과 같이 큰 수를 쉼표를 사용하여 쓰고 읽는 방법을 지도한다.

Real-World EXAMPLE Read and Write Numbers

2 CARS **United States citizens own *one hundred thirty-five million, seven hundred thousand* cars. Write this number in standard form and expanded form.**

One hundred thirty-five million, seven hundred thousand is written in the place-value chart below.

Millions			Thousands			Ones		
hundreds	tens	ones	hundreds	tens	ones	hundreds	tens	ones
1	3	5,	7	0	0,	0	0	0

Standard form: 135,700,000

Expanded form: 100,000,000 + 30,000,000 + 5,000,000 + 700,000

한자 문화권인 중국이나 일본에서는 어떠한가? 당연히 한자 문화권에서는 쉼표를 사용하는 방법을 선뜻 받아들이기 어렵다. 중국 人民教育出版社에서 2013년 발행된 『数學 四年级 上册』 p.6에서는 네 자리마다 적당한 표시를 하여 읽는 방법을 소개한 후, 세 자리마다 쉼표를 찍거나 조금 띄어 쓰는 영어 문화권의 방법을 참고사항으로 소개하고 있다.

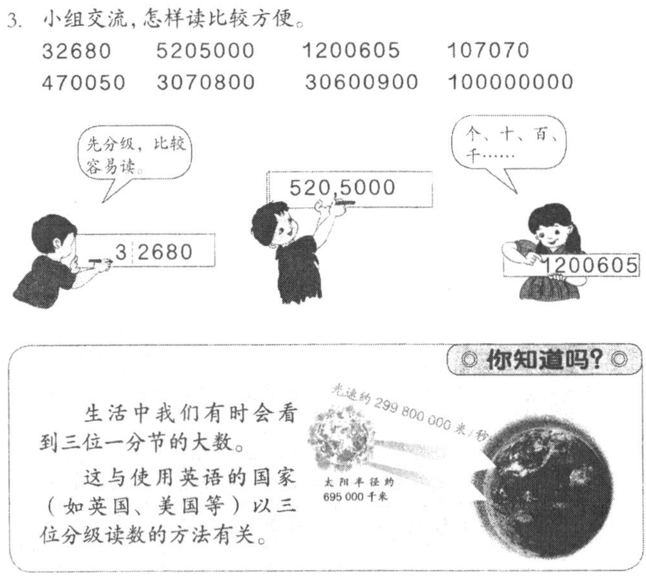

3. 小组交流，怎样读比较方便。

32680　5205000　1200605　107070

470050　3070800　30600900　100000000

◎ 你知道吗？ ◎

生活中我们有时会看到三位一分节的大数。

这与使用英语的国家（如英国、美国等）以三位分级读数的方法有关。

일본 東京書籍에서 2007년 발행된『新しい算数　4上』p.6에서는 중국과 마찬가지로 영어 문화권의 세 자리마다 쉼표를 찍는 방법을 참고사항으로 소개하고 있다.

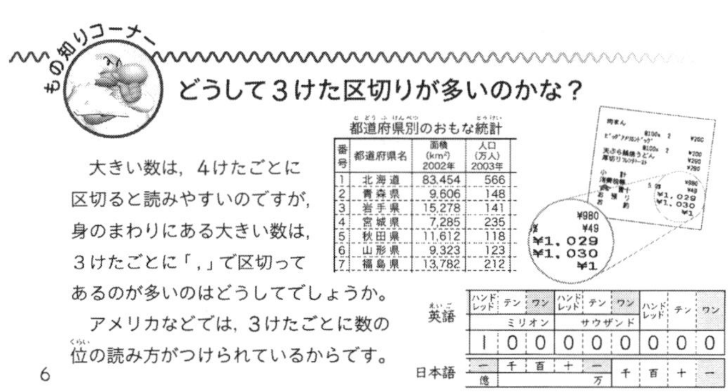

ものしりコーナー

どうして3けた区切りが多いのかな？

大きい数は，4けたごとに区切ると読みやすいのですが，身のまわりにある大きい数は，3けたごとに「，」で区切ってあるのが多いのはどうしてでしょうか。

アメリカなどでは，3けたごとに数の位の読み方がつけられているからです。

都道府県別のおもな統計

番号	都道府県名	面積 (km²) 2002年	人口 (万人) 2003年
1	北海道	83,454	566
2	青森県	9,606	148
3	岩手県	15,278	141
4	宮城県	7,285	235
5	秋田県	11,612	118
6	山形県	9,323	123
7	福島県	13,782	212

英語	ハンドレッド	テン	ワン	ハンドレッド	テン	ワン	ハンドレッド	テン	ワン
	ミリオン			サウザンド					
	1	0	0	0	0	0	0	0	0
日本語	一	千	百	十	一	千	百	十	一
	億				万				

6

우리나라는 어떠한가? 우리나라에서도 제3차 교육과정까지는 세 자리마다 끊어 읽는 방법을 초등학교 교과서에 명시해 왔다. 예를 들어 제3차 교육과정에 따라 1976년 발행된 교과서 『산수 4－1』 pp.16~17에서는 다음과 같이 실생활에서의 관행을 정식으로 지도하였다.

(1) 다음 수를 읽어 보아라.

24,574,860	382,580,000
738,942,000	2,458,524,300
625,789,784	3,796,578,402

(2) 다음은 우리나라 수출액을 연도별로 나타낸 것이다. 이것을 읽어 보아라.

<우리나라 수출액>

(단위 : 1,000달러)

연 도	수 출 액	연 도	수 출 액
1960	32,827	1966	250,334
1961	40,878	1967	320,229
1962	54,813	1968	455,401
1963	86,802	1969	622,516
1964	119,058	1970	835,185
1965	175,082	1971	1,067,610

일반 사회에서는 수를 읽을 때, 세 자리씩 한 덩어리로 생각하여 읽는 경우도 있다.

이때는 세 자리마다 ','표를 찍거나 조금 띄어서 쓴다.

쉼표를 찍은 바로 왼쪽 자리는 각각 천, 백만, 십억, 조, …가 된다. 그러나 실제로 수를 읽을 때는 네 자리씩 한 덩어리로 끊어서 읽는 것이 편리하다.

3, 194,5 73,89 0,264

조　　억　　만　　일

이와 같이, 쉼표로 끊어서 표시한 수를 읽는 방법에 익숙하도록 하자.

그런데 어찌된 일인지 제4차 교육과정 이후 2007 개정 교육과정에 이르기까지 초등학교 수학 교과서에서 큰 수의 세 자리마다 끊어 읽기에 대하여 아무런 언급도 하지 않았다. 2009 개정 교육과정에 따라 2014년에 발행된 교과서 『수학 4－1』 pp.34～35에서는 이야기마당을 통해서 이 내용을 다음과 같이 소개하였다.

◎ 큰 수 쓰고 읽기

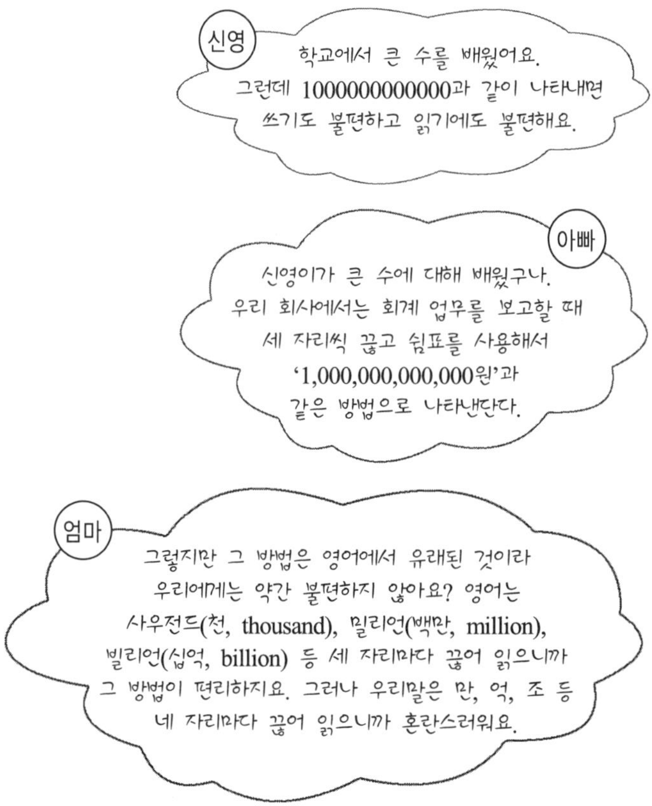

오빠
그리고 문제점이 또 있어요. 국제단위계(SI)에서는 소수점과 혼동을 일으킬까봐 세 자리마다 쉼표를 사용하지 못하도록 하고 있어요. 그 대신 1 000 000 000 000과 같이 세 자리마다 약간씩 벌려 쓰는 것은 허용한다고 하네요.

엄마
그러면 우리는 '1 0000 0000 0000'과 같이 네 자리마다 약간씩 벌려 쓰면 되지 않을까요?

신영
학교에서는 '123조 37억 1200만 4900'처럼 쓰는 방법도 배웠어요.

아빠
큰 수를 쓸 때에는 여러 사람들이 쓰고 읽기 편하게 하는 것이 좋겠다.

오빠
편리한 것도 좋지만 정확하게 표현하는 것도 중요하다고 생각해요.

'세로식', '가로식'이라는 용어는 적합한가?

인도 아라비아 숫자로 대표되는 위치적 기수법은 이집트 숫자나 로마 숫자 등으로 대표되는 가법적 기수법보다 여러 가지 점에서 우수한 표기 방법이다. 특히 계산이 복잡해질수록 위치적 기수법의 진가가 발휘된다. 예를 들어 다음과 같은 네 가지 계산을 살펴보자.

$$214+128,\ 214-86,\ 214\times73,\ 214\div31 \qquad \cdots\cdots\cdots\cdots(1)$$

이들을 계산하기 위해서 우리는 흔히 다음과 같이 세로로 써서 계산하게 된다.

$$\begin{array}{r} 214 \\ +\ 128 \\ \hline 342 \end{array} \qquad \begin{array}{r} 214 \\ -\ \ 86 \\ \hline 128 \end{array} \qquad \begin{array}{r} 214 \\ \times\ \ \ 73 \\ \hline 642 \\ 1498\ \\ \hline 15622 \end{array} \qquad \begin{array}{r} 6 \\ 31\ \overline{)\,214} \\ 186 \\ \hline 28 \end{array} \qquad \cdots\cdots\cdots\cdots(2)$$

(1)과 같이 가로로 써서 계산하기보다 (2)와 같이 세로로 써서 계산하면 한결 편리하다. 이것은 우리가 쓰는 숫자가 위치적 기수법에 따르기

때문에 가능하다. 즉 자리를 잘 맞추기만 하면 계산이 훨씬 단순해지는 것이다.

이렇게 자리를 맞추어 계산하는 방법을 무엇이라고 이름 지어 부르면 좋을까? 우리나라 초등학교 수학 교과서에서는 이러한 계산에 대하여 특별한 이름을 붙이지 않고 있다. 다만, 붓셈, 필산, 운산, 세로 셈, 세로 식, 세로 형식, 세로로 계산하기 등의 다양한 명칭이 혼용되고 있다. 명칭을 어떻게 붙이는가 하는 점이 특별히 중요한 일은 아니지만 보다 편안한 우리말 쓰기를 위하여 2009 개정 교육과정에 따른 수학 교과서에서는 될수록 "세로로 계산하기"로 부르도록 유도하였다.

그런데 일본의 초등학교 수학 교과서에서는 이 세로로 계산하기를 힛산(筆算, ひっさん)이라고 부르면서 자리 잡기의 원리를 특별히 강조하고 있다. 다음은 일본의 동경서적(東京書籍)에서 2007년 발행된 『新しい算数』의 여러 곳에서 "필산"을 강조하여 지도하고 있는 장면들이다.

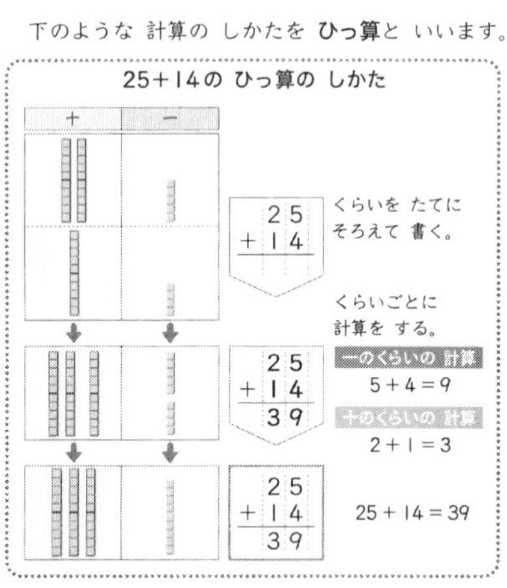

〈新しい算数 2上 p.15〉

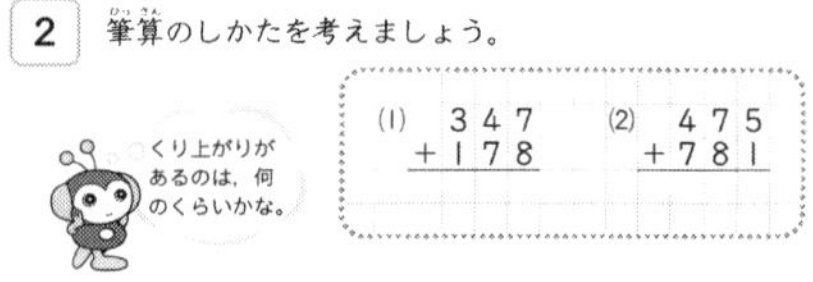

〈新しい算数 3上 p.46〉

もの知りコーナー

わり算の筆算

たとえば，62 ÷ 8 の計算は，下のように筆算できることもできます。筆算ですると，あまりは，ひき算の筆算と同じようにしてもとめることができます。

❶左のように書く。

❷62 の一のくらいの上に 7 をたてる。

「八八 64」では大きすぎるから…。

❸「八七 56」の 56 を，62 の下にくらいをそろえて書く。

❹62 から 56 をひく。あまりは 6。

あまりの 6 が，わる数の 8 より小さくなっていることをたしかめよう。

62 ÷ 8 = 7 あまり 6

〈新しい算数 3上 p.69〉

중국에서는 어떨까? 중국 人民教育出版社에서 2013년 발행된『数學 二年级 上册』p.12에서는 비수안(筆算)을 하라는 지시문이 다음과 같이 나오기도 한다.

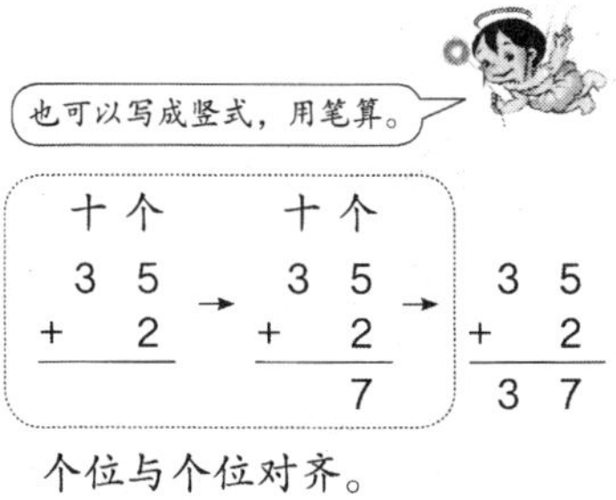
也可以写成竖式，用笔算。

十个 35 + 2 → 十个 35 + 2 = 7 → 35 + 2 = 37

个位与个位对齐。

그러나 『二年级 下册』 p.62 이후로는 세로로 계산하는 식이라는 의미의 수스(竖式)라는 용어를 일관되게 사용하고 있다.

如果有 16 根小棒，每 4 根分一组，结果怎样？竖式怎么写？

$$\begin{array}{r} 4 \\ 4\overline{)16} \\ 16 \\ \hline 0 \end{array}$$

참고로 미국 Macmillan McGraw-Hill 출판사에서 2009년 발행된 수학 교과서 『Math Connects 1』 p.75에서는 가로로 더하기, 세로로 더하기라는 의미의 add across, add down이라는 표현을 사용하고 있다.

흔히 계산이 복잡해지면 세로로 써서 계산하는 경우가 많기 때문에 세로로 써서 계산하는 경우만 연습하려고 하는 경향이 있다. 그러나 가로로 계산하기도 중요하다. 특히 곱하는 수가 한 자릿수인 경우에는 가로로 계산하는 기능이 중요하며, 이 기능은 나중에 곱하는 수가 두 자릿수인 경우에 세로로 계산하기를 할 때에 매우 중요한 역할을 하게 된다 예를 들어, 214×3=642의 경우 세로로

$$\begin{array}{r} 214 \\ \times \quad 3 \\ \hline 12 \\ 30 \\ 300 \\ \hline 642 \end{array}$$

와 같은 계산 방법을 보여주는 경우도 있지만, 이것은 각 계산 단계의 수가 가지는 의미를 알리기 위한 목적이며, 계산 기능의 숙달을 위해서는

$$\begin{array}{r} 214 \\ \times \quad 3 \\ \hline 642 \end{array}$$

와 같은 방법으로 숙달되도록 지도하는 것이 중요하다. 사실 이 경우에는 굳이 세로로 계산할 필요 없이 가로로

$$214 \times 3 = 642$$

와 같이 계산할 수도 있는데, 이러한 가로 계산 능력은 후에 214×73과 같은 계산을 다음과 같이 세로로 할 경우에 도움이 된다.

$$\begin{array}{r} 214 \\ \times \quad 73 \\ \hline 642 \\ 1498 \\ \hline 15622 \end{array}$$

(몇십)÷(몇)의 계산을 학습하고 나면, 63÷3과 같은 (몇십 몇)÷(몇)의 계산을 학습하도록 한다. 구체적 조작 활동을 통해 몫을 구하는 방법을 이해하고 나면, 그 다음으로 중요한 것은 장제법이라고도 하는 세로 형식의 나눗셈 알고리즘을 이해하고 학습하는 것이다.

$$\begin{array}{r} 21 \\ 3\overline{)\,63} \\ 6 \\ \hline 3 \\ 3 \\ \hline 0 \end{array}$$

혼합계산에서 사칙연산의 계산 순서는 왜 어떻게 정해졌는가?

덧셈, 뺄셈, 곱셈, 나눗셈 즉 가감승제의 사칙연산만으로 이루어진 식의 계산 순서는 다음과 같다.

① 가감 또는 승제만을 포함하는 식에서는 왼쪽부터 차례로 계산한다.

② 가감과 승제를 포함하는 식에서는 승제의 계산을 먼저하고, 그 결과에 대하여 가감의 계산을 왼쪽부터 차례로 한다.

③ 괄호를 포함한 식에서는 괄호 안을 먼저 계산한다. 괄호가 여러 개 있는 식에서는 안쪽의 괄호부터 먼저 계산한다.

이러한 계산 순서의 규칙이 어떻게 성립하게 되었는지에 대하여는 정확한 근거가 없다. 많은 수학자들이 이러한 규칙을 오랜 세월 지켜왔을 뿐이다. 그래도 이러한 규칙이 왜 필요하고 어떻게 해서 이러한 순서로 정해졌는지에 대하여는 몇 가지 합리적인 근거를 댈 수 있다.

계산의 순서는 왜 중요한가? 원래 계산 이전에 수학적으로 연산이 정의되어야 하는데 가감승제 사칙연산은 기본적으로 이항 연산이다. 이항 연산은 두 개의 수로 이루어진 순서쌍 (a, b)에 대하여 하나의 수 c를 대응시키는 함수를 말한다. 따라서 가감승제로 이루어진 계산에서는 세

수의 계산이나 두 수를 바꾸어 계산하는 경우에 정확한 약속을 필요로 한다. 이때의 약속은 그 연산에 교환법칙이나 결합법칙이 성립하는지의 여부와 관련이 있다.

덧셈과 곱셈에서는 교환법칙과 결합법칙이 성립한다.

$$a+b=b+a, \quad a\times b=b\times a$$

$$a+(b+c)=(a+b)+c, \quad a\times(b\times c)=(a\times b)\times c$$

따라서 덧셈만 있거나 곱셈만 있는 계산에서는 계산의 순서가 크게 문제되지 않는다. 문제는 뺄셈과 나눗셈이다. 뺄셈과 나눗셈에서는 교환법칙도 결합법칙도 성립하지 않기 때문에 계산의 순서가 문제가 된다. 뿐만 아니라 뺄셈과 나눗셈의 경우에는 연산이 성립하기 위하여 여러 가지 전제 조건을 필요로 한다. 뺄셈이 이항 연산으로서 성립되기 위해서는 자연수에서 정수로 대상 집합을 확대하여야 하며, 나눗셈이 이항 연산으로서 성립되기 위해서는 대상 집합을 유리수의 집합으로 확대하여야 할 뿐만 아니라, 0으로 나누는 경우를 배제하여야 한다. 결국 뺄셈이나 나눗셈에서는 다음과 같은 등식이 성립하지 않는다.

$$a-(b-c)=(a-b)-c,$$

$$a\div(b\div c)=(a\div b)\div c$$

따라서 사칙연산이 섞여 있는 계산에서는 계산의 순서를 바꾼다는 것은 계산 결과에 영향을 미치는 일이므로, 계산을 주어진 순서대로 하여야 한다.

승제의 계산은 왜 가감의 계산보다 먼저 하는가? 이 문제는 덧셈과 곱셈의 관계가 곱셈이 덧셈에 배분된다는 <배분법칙>에 의하여 결정되어 있다는 사실에 근거한다.

$$a \times (b+c) = a \times b + a \times c$$

그렇다면 왜 덧셈이 곱셈에 배분되도록 $a+(b\times c)=a+b\times a+c$라고 약속하지 않는가? 이것은 현대대수학에서 논의하는 군(群, group)과 환(環, ring)의 기본 이론에 따라 설명된다. 군과 달리 환에서는 두 연산이 정의된다. 이때 두 연산의 관계를 분명히 해야 하는데, 제1연산에서는 항등원과 역원(逆元)이 존재하지만, 제2연산에서는 제1연산의 항등원에 대한 역원을 정의하지 않는다. 그리고 제2연산이 제1연산에 배분되도록 약속하여야 환이 성립된다. 즉, 유리수의 집합에서는 덧셈이 제1연산이고 덧셈의 항등원인 0에 대한 역원을 정할 수 없는 곱셈이 제2연산인 셈이다. 따라서

$$a+(b\times c)=a+b\times a+c$$

로 약속하려면 덧셈이 제2연산이 되고 곱셈이 제1연산이 되어야 하는데, 곱셈에서는 0에 대한 역원을 정의할 수 없으므로 결국 덧셈이 제1연산이 될 수밖에 없다.

괄호는 왜 (소괄호), {중괄호}, [대괄호]의 순서로 구분하는가? 사실 수학적으로 소괄호, 중괄호, 대괄호에 대한 순서와 규칙은 따로 없다. 괄호 속에 괄호가 3가지 이상 필요하면 다음에는 도대체 어떤 모양의 괄호를 만들어 사용할 것인가? 수학적으로는 한 가지 종류의 괄호만으로 충분하다.

$$100-(99-(98-(97-(96-(95-5)))))$$

라고 괄호를 5가지나 써도 충분히 알아볼 수 있으며, 안에 있는 괄호

부터 차례대로 계산하면 혼란도 일어나지 않는다. 다만, 초등학교 학생들의 학습 부담을 감안하여 괄호의 모양을 (   )와 {   }의 두 가지로 구분하고, 이 정도 수준의 계산만을 다루도록 하고 있을 뿐이다.

위치적기수법이 맞는 말인가, 십진기수법이 맞는 말인가?

기수법(numeration system)이란 수(number)를 숫자(numeral)로 나타내는 방법을 의미한다. 초기 대부분의 고대 문명에서는 하나하나의 수에 수사(數詞)나 숫자(數字)를 붙여 사용하였다. 이러한 기수법에 따르면 불편하기도 하거니와 또 무한히 많은 수에 대하여 이와 같은 방법을 적용하기는 불가능하다. 이러한 기수법에 대하여 인류는 서기 약 6세기 경에 획기적으로 편리한 기수법을 발명하였는데 그것은 자릿값의 원리(principle of location)를 사용하는 위치적 기수법(positional numeration system, place value system)이다. 위치적 기수법은 진법(進法, base)과도 관련이 있는데, 예를 들어 십진법(denary system)에 따르면 0, 1, 2, 3, 4, 5, 6, 7, 8, 9의 열 가지 숫자만 규칙적으로 잘 배열하면 어떠한 큰 수라도 알아보기 쉽게 나타낼 수 있다.

즉, 십진법에 의한 위치적 기수법에서는

① 0에서 9까지의 숫자를 정하고,

② 이 열 개의 숫자로 10 이상의 수는 10의 거듭제곱에다 9 이하의 수를 곱한 것의 합으로 한다는 원칙과,

③ 숫자를 나란히 썼을 때의 위치에 따라 차례로 10배씩 커진다는 자릿값의 원리에 따른다.

위치적 기수법을 보다 형식적으로 설명하면 수를 기수(基數)를 밑으로 하는 멱(冪)으로 분해하고 그 멱의 수로 표현하는 방법을 말한다. 일반적인 형태는 r을 기수로 할 때,

$$N = A_n r^n + A_{n-1} r^{n-1} + \cdots + A_1 r + A_0 + A_{-1} r^{-1} + \cdots$$
$$(A_i, r, n \in \mathbb{Z};\quad r \geq 2,\quad 0 \leq A_i < r)$$

에서 계수를 순서대로 나열하여

$$A_n A_{n-1} \cdots A_1 A_0 . A_{-1} \cdots$$

로 쓰고 이것으로 수 N을 나타내는 방법이다.

위치적 기수법이라는 용어는 이와 같이 진법과 관련되어 설명할 수밖에 없다. 십진기수법이라는 용어는 제3차 교육과정에 따라 1976년 발행된 교과서『산수 6－1』p.26에서 사용되었다. 그러나 십진기수법이라는 용어는 설명하기가 모호하다. 위치적 기수법을 사용하지 않은 고대 이집트의 기수법이나 고대 로마의 기수법 등도 십진기수법에 해당하기 때문에 십진기수법이라는 용어는 위치적 기수법이라는 용어를 대체할 수 없다. 용어의 의미를 정확히 전달하려면 “십진법을 사용하는 위치적 기수법”, “십진법을 사용하는 가법적 기수법” 등으로 말하여야 한다. 따라서 십진기수법을 “십진법에 따른 위치적 기수법”의 약어(略語)로 인정하기에는 불완전한 용어라고 말할 수 있다.

자연수의 덧, 뺄셈은 몇 자릿수까지 지도해야 하나?
(미국은 다섯 자릿수도 지도하는데…)

2009 개정 수학과 교육과정에서는 세 자릿수까지의 덧셈과 뺄셈에 관해서만 언급하고 있어서, 네 자릿수 이상의 큰 수에 대한 덧셈과 뺄셈의 지도를 제한하고 있다. 그러나 2007 개정 교육과정에서만 보더라도 "3가[2]② 네 자릿수의 범위에서 덧셈과 뺄셈을 할 수 있다."고 하여 네 자릿수의 덧셈과 뺄셈을 지도하도록 하고 있다

예를 들어 제6차 교육과정에 따라 1997년에 발행된 교과서 『수학 4－1』 p.24에서는 다음과 같이 여섯 자릿수의 덧셈을 지도하고 있다.

◎ 계산하는 방법을 알아보자.

$$\begin{array}{r} {\scriptstyle 1} \\ 287600 \\ +\ 364500 \\ \hline 100 \end{array} \Rightarrow \begin{array}{r} {\scriptstyle 1\,1} \\ 287600 \\ +\ 364500 \\ \hline 2100 \end{array} \Rightarrow \begin{array}{r} {\scriptstyle 1\,1\,1} \\ 287600 \\ +\ 364500 \\ \hline 652100 \end{array}$$

그러나 제7차 교육과정에 따라 2007년에 발행된 교과서 『수학 3－2』 p.8에서는 다음과 같이 네 자릿수의 범위 내에서 덧셈을 지도하고 있다.

◎ 3469＋5743을 어떻게 계산하면 되는지 알아보시오.

$$\begin{array}{r} 3\,4\,6\,9 \\ +\ 5\,7\,4\,3 \\ \hline \\ \end{array} \Rightarrow \begin{array}{r} 3\,4\,6\,9 \\ +\ 5\,7\,4\,3 \\ \hline \\ \end{array} \Rightarrow \begin{array}{r} 3\,4\,6\,9 \\ +\ 5\,7\,4\,3 \\ \hline \\ \end{array} \Rightarrow \begin{array}{r} 3\,4\,6\,9 \\ +\ 5\,7\,4\,3 \\ \hline \\ \end{array}$$

2007 개정 교육과정에 따라 2013년에 발행된 교과서『수학 3－2』p.7에서도 네 자릿수의 범위 내에서 덧셈을 지도하고 있다.

◎ 2735＋4867을 어떻게 계산하는지 알아봅시다.

■ 2735＋867을 어떻게 계산했는지 알아보시오.

2735＋867＝☐

$$\begin{array}{r} 2\,7\,3\,5 \\ +\ \ \ 8\,6\,7 \\ \hline \\ \end{array}$$

그러나 2009 개정 교육과정에 따라 2015년에 발행된 교과서『수학 3－1』p.22에서는 한 걸음 더 축소하여 세 자릿수의 범위 내에서 덧셈을 지도하고 있다.

◎ 우람이가 486＋329를 계산한 방법을 알아봅시다.

486＋329

이와 같이 우리나라의 초등학교 수학과 교육과정은 자연수의 덧셈과 뺄셈에 관하여 그 적용 범위를 축소해나가고 있는 추세이다. 이와 같은 추세는 중국과 일본도 마찬가지이다. 중국 人民教育出版社에서 2013년 발행된『数學 三年级 上册』p.38에서는 다음과 같이 세 자릿수의 덧셈을 지도하고 있고, 이후에서는 덧셈에 대한 지도가 없다.

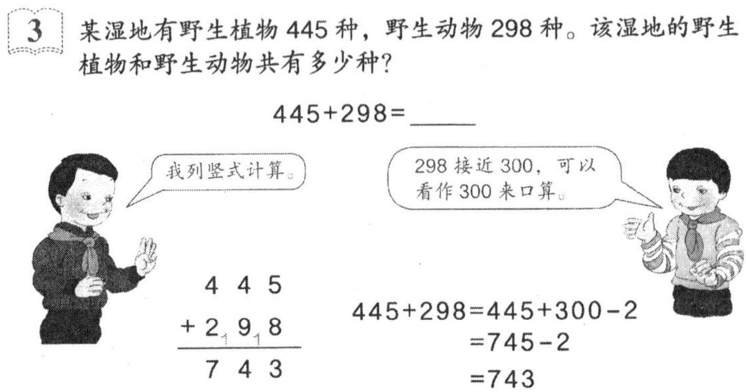
3 某湿地有野生植物 445 种，野生动物 298 种。该湿地的野生植物和野生动物共有多少种？

445+298=_____

$$\begin{array}{r} 445 \\ +\,298 \\ \hline 743 \end{array}$$

$$445+298=445+300-2$$
$$=745-2$$
$$=743$$

일본 東京書籍에서 2007년 발행된『新しい算数 3上』p.46에서는 다음과 같이 세 자릿수의 덧셈을 지도하고 있고, 이후에서는 덧셈에 대한 지도가 없다.

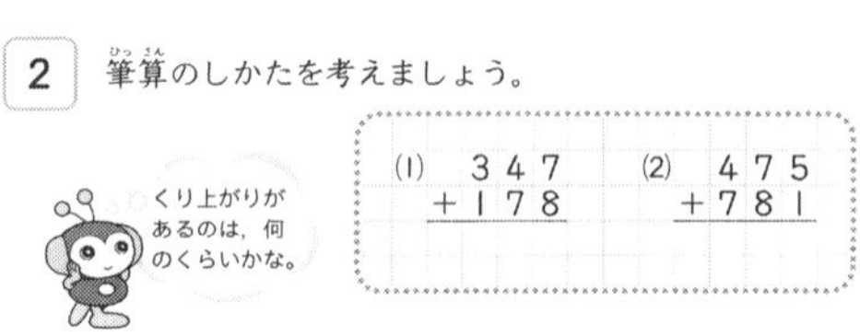
2 筆算のしかたを考えましょう。

(1) $\begin{array}{r} 347 \\ +\,178 \\ \hline \end{array}$　(2) $\begin{array}{r} 475 \\ +\,781 \\ \hline \end{array}$

이와 같은 추세는 지나치게 복잡한 계산 알고리즘에 대한 학습 부담을 줄이고 고차적 사고 능력을 기르는 방향으로 수학 교육의 목표가 변하고 있음을 반영한 것이라고 볼 수 있다.

그런데 흥미로운 것은 미국에서는 3, 4, 5학년에 걸쳐서 네 자릿수 이상의 덧셈을 지도하는 수학 교과서도 있다는 점이다. 미국 Macmillan McGraw－Hill 출판사에서 2009년 발행된 수학 교과서『Math Connects 3』 p.97에서는 네 자릿수의 덧셈을 다음과 같이 지도하고 있다.

Real-World EXAMPLE **Add Numbers**

2 PLANES The world's fastest plane can fly 2,139 miles in 32 minutes. What is the total distance if it flew another 2,314 miles?

You need to find 2,139 + 2,314.

Estimate

2,139	→	2,100
+2,314	→	+2,300
		4,400

One Way: Partial Sums		Another Way: Expanded Form
2,139		2,139 = 2,000 + 100 + 30 + 9
+ 2,314		+ 2,314 = 2,000 + 300 + 10 + 4
13	Add ones.	4,000 + 400 + 40 + 13
40	Add tens.	400
400	Add hundreds.	40
+ 4,000	Add thousands.	+ 13
4,453		4,453

그런가 하면 『Math Connects 4』 p.66에서는 다음과 같이 여섯 자릿수의 덧셈도 지도하고 있고, 『Math Connects 5』에서는 네 자릿수의 덧셈을 복습하고 있다.

Find each sum. Check your work by estimating. See Examples 1 and 2 (pp. 64–65)

7. 364 + 58	**8.** 290 + 693	**9.** 6,742 + 975	**10.** 8,346 + 7,208
11. \$23,824 + \$ 7,346	**12.** 82,828 + 4,789	**13.** \$37,178 + \$82,370	**14.** \$693,782 + \$ 47,816

이것은 미국의 연산 학습 지도 위계가 한국, 일본, 중국의 그것과 많은 차이가 있다는 것을 보여줌과 동시에, 연산 알고리즘 학습에 있어서 동양 아동의 학습 능력이 미국 아동의 학습 능력보다 우수한 것이 아닐까 하는 추정을 가능하게 해 준다고도 말할 수 있다.

가분수, 대분수는 어떻게 도입되어야 하나? 분수 개념 학습 활동은 어떻게 선택하고 배치하여야 하나?

초등학교에서 이루어지는 분수의 학습은 <분수의 개념>과 <분수의 계산>이라는 두 부분으로 나누어 볼 수 있으며, 분수의 개념은 크게 보아

① 전체-부분 관계로서의 분수

② 두 자연수 관계로서의 분수

③ 나눗셈 몫으로서의 분수

라는 세 단계를 거쳐 학습이 이루어진다. 분수의 계산은

④ 동분모분수의 덧셈과 뺄셈,

⑤ 약분과 통분,

⑥ 이분모분수의 덧셈과 뺄셈,

⑦ 분수의 곱셈과 나눗셈

이라는 단계로 지도하게 된다고 구분할 수 있다.

이들 일곱 단계는 다시 각각 보다 세부적인 활동들로 구성되는데, 이들 세부 활동은 지도 관점과 논리에 따라 그 순서를 일정하게 정하기가 어렵다. 실제로 과거 교과서에 나타난 세부 수업 활동을 분석해 보면

그 순서가 서로 다른 경우가 많음을 알 수 있다. 특히 4단계인 '동분모 분수의 덧셈과 뺄셈'의 경우에는 분수 개념의 형성과도 관련이 있어서, 3단계인 '나눗셈 몫으로서의 분수'를 지도하기 이전에 그 일부 내용을 지도하는 경우도 많다.

1) 분수 개념 학습을 위한 세부 활동

분수 개념의 학습을 위한 세부 활동은 다음과 같이 분류할 수 있다.

① 똑같이 나누기 (예 : 똑같이 넷으로 나누기)

② 전체와 부분 (예 : 전체를 똑같이 4로 나눈 것 중 2)

③ 분수 표기 (예 : $\frac{3}{4}$ 쓰고 읽기)

④ 단위분수의 몇 배 (예 : $\frac{3}{4}$은 $\frac{1}{4}$이 3)

⑤ 동분모 진분수의 크기 비교 (예 : $\frac{4}{5}$와 $\frac{2}{5}$)

⑥ 단위분수의 크기 비교 (예 : $\frac{1}{2}$과 $\frac{1}{3}$)

⑦ 두 자연수 관계로서의 분수 (예 : 5는 7의 $\frac{5}{7}$)

⑧ 수직선 위의 분수

⑨ 자연수의 분수 배 (예 : 6의 $\frac{1}{3}$은 2)

⑩ 자연수를 몇씩 묶어 나눈 양으로서의 분수 (예 : 4는 12의 $\frac{1}{3}$)

⑪ 동치분수 (예 : $\frac{2}{4}=\frac{1}{2}$)

⑫ 1과 크기가 같은 분수 (예 : $\frac{7}{7}$은 1)

⑬ 분수의 종류(진분수, 가분수)

⑭ 동분모 진분수의 합과 차 (예 : $\frac{1}{4}+\frac{2}{4}$, $\frac{3}{5}-\frac{1}{5}$)

⑮ 분수의 종류(대분수)

⑯ 가분수, 대분수의 호환 표기

⑰ 동분모분수의 크기 비교(가분수, 대분수)

⑱ 동분모분수의 합과 차(가분수, 대분수)

⑲ 나눗셈 몫으로서의 분수$\left(3 \div 4 = \frac{3}{4}\right)$

이 중 활동 ①~⑥은 전체-부분 관계로서의 분수를 지도하는 과정과 관련이 깊고, 활동 ⑦~⑫는 두 자연수 관계로서의 분수를 지도하는 과정과 관련이 있으며, 활동 ⑬~⑱은 분수의 종류를 지도하는 과정과 관련이 깊다.

2) 분수 개념 학습 활동의 선택과 배치

거의 20가지에 가까운 이들 활동 중 어떤 것을 선택하여 어떤 순서로 지도하여야 할 것인가 하는 문제는 해결하기가 상당히 복잡하다. 예를 들어 2007 개정 교육과정에 따라 2010년에 발행된 수학 교과서에서는

①, ②, ③ (2학년 2학기 5단원)
⑨, ⑩, ④, ⑤, ⑥ (3학년 1학기 7단원)
⑬ (⑮), ⑯, ⑰ (4학년 1학기 6단원)
⑱ (4학년 2학기 1단원)

⑪ (5학년 1학기 2단원)
⑲ (5학년 2학기 2단원)

의 순서로 선택하여 제시하였다. 이 중 활동 ⑲ (나눗셈 몫으로서의 분수)는 분수 개념의 맥락이라기보다는 분수 계산의 맥락에서 자연수의 나눗셈을 곱셈으로 고치는 방법의 하나로서 지도하고 있어서, 나눗셈 몫으로서의 분수 개념을 명시적으로 지도하고 있다고 보기는 어렵다.

한편 7차 교육과정에 따라 2001년에 발행된 수학 교과서에서는

①, ②, ③ (3－가 7단원)
⑨, ④, ⑤, ⑥ (3－나 6단원)
⑩, ⑬(⑮), ⑯, ⑰, ⑭ (4－가 7단원)
⑲, ⑫, ⑰, ⑱ (4－나 1단원)

의 순서로 선택하여 제시하였는데 이때 활동 ⑰ (동분모분수의 크기 비교)가 중복 지도되었음을 알 수 있다.

또 다른 예로, 5차 교육과정에 따라 1989년에 발행된 수학 교과서에서는

①, ②, ③ (2학년 1학기 7단원)
⑨, ④, ⑤, ⑥, ⑧, ⑭ (3학년 1학기 7단원)
⑩, ⑨, ④, ⑫, ⑬(⑮), ⑯, ⑰, ⑪ (4학년 1학기 7단원)
⑱ (4학년 2학기 5단원)

의 순서로 선택·제시하였다. 이중 활동 ⑨ (자연수의 분수 배)와 ④ (단위분수의 몇 배)는 중복 지도된 것처럼 보이지만, 3학년 1학기에서 다룬 활동 ⑨는 자연수의 분수 배 중 단위분수만 지도하였고, 4학년 1학기에서 다룬 활동 ④는 간단한 복습의 성격이 짙다. 또한 활동 ⑲ (나눗셈

몫으로서의 분수)는 5학년 2학기 6단원(비와 비율)에서 암묵적으로 지도되고 있는데, 이것 역시 분수 개념 학습의 맥락이라기보다는 비와 비율 개념 학습의 맥락에서 이루어지고 있어서 나눗셈 몫으로서의 분수 개념을 명시적으로 지도하고 있다고 보기는 어렵다.

가분수는 어떻게 도입되어야 하나?

초등학교 수학 교과서에 나타난 분수의 초기 개념과 관련된 학습 활동들을 검토하다 보면 여러 가지 많은 점을 논의하고 분석·연구하여야 할 필요를 느끼게 되지만, 그 중에서도 가장 먼저 논의되어야 할 점은 가분수와 대분수의 도입 방법에 관한 것이다.

우선 한 마디로 말해서 기존의 초등학교 수학 교과서에서는 가분수나 대분수가 “충분한” 사전 활동 없이 등장한다. 어느 정도가 “충분한” 사전 활동인지에 대해서는 각자의 생각에 따라 서로 다른 판정 기준이 있을 수 있겠지만, 이 사전 활동에는 적어도 그 전까지 학생들에게 형성된 진분수 개념과 연결되는 활동이 포함되어야 할 것이다.

예를 들어 2007 개정 교육과정에 따라 2012년에 발행된 교과서 『수학 4－1』 p.96에서는 다음과 같이 가분수를 정의하고 있다.

> $\frac{1}{4}$짜리 4개를 $\frac{4}{4}$, $\frac{1}{4}$짜리 5개를 $\frac{5}{4}$로 나타내고, $\frac{4}{4}$나 $\frac{5}{4}$와 같이 분자가 분모와 같거나 분모보다 큰 분수를 가분수라고 합니다.

이러한 가분수를 소개하기 위한 도입 활동은 같은 쪽에 다음과 같이 제시되어 있다.

활동

사과 $\frac{1}{4}$조각이 여러 개 있습니다. 이 사과를 분수로 나타내는 방법을 알아봅시다.

◆ $\frac{1}{4}$조각 4개를 분수로 어떻게 나타내고 싶습니까?

◆ $\frac{1}{4}$조각 5개를 분수로 어떻게 나타내고 싶습니까?

가분수 도입을 위한 이러한 사전 학습 활동은 적절한 것인가? 분수를 도입할 때에는 연속량의 등분할 조작을 통하여 지도한다는 점에 대해서 많은 사람들이 대체로 동의한다. 그러나 여기에 함정이 있다. 연속량의 등분할을 이용한 분수 개념의 도입은 부분－전체 관계에 의한 분수 개념으로서, 실질적으로는 진분수에 한정된다. 가분수는 부분이 전체보다 커진다는 모순된 상황을 요구한다.

따라서 손쉽게 생각하는 것이 연속량의 등분할 다음에 이산량의 등분할을 이용하면 가분수로 진행할 수 있다고 생각하기도 하는데, 이산량의 등분할이라고 해서 부분－전체 프레임에서 벗어날 수 없다. 예를 들어

$$4\text{개는 } 12\text{개의 } \frac{1}{3}$$

이라는 개념을 지도하는 것이 이산량의 등분할로서의 분수 지도에 포함되는 내용이라고 많은 사람들이 생각하고 있다. 그러나 이것도 주의하여야 할 것이 연속량의 등분할 개념을 학습한 학생은

전체를 12로 나눈 것 중 4

는 $\frac{4}{12}$로 받아들이지 $\frac{1}{3}$로 받아들이는 것이 아니라는 점이다. 정확히 말하자면 12개를 “4개씩 묶었을 때”라야

$$4\text{는 } 12\text{의 } \frac{1}{3}$$

이 될 수 있다. 그런데 많은 사람들이 이 “4개씩 묶었을 때”, 즉 한 단위의 크기를 지정하는 일에 소홀하다.

한 단위의 크기를 지정해 주더라도 문제는 남는다. 이런 식의 이산량의 등분할은 부분-전체 프레임에 갇혀 있기 때문에 진분수 개념을 벗어날 수 없다. 도대체 가분수는 언제 어떻게 등장하여야 하나?

결론부터 말하자면 가분수나 대분수는 이차적 사고 또는 형식적 사고를 요하는 개념이라는 점이다. 즉, 구체물 조작에 의한 개념 형성을 시도해서는 효과적인 학습이 이루어지기 어렵고 형식적 사고를 시도하여야 한다는 점이다. 그렇다면 가분수 개념과 관련된 형식적 사고를 어떻게 유도하여야 하는가?

앞서 언급한 바와 같이 분수 개념 학습의 시작은 연속량의 등분할로부터 이루어진다. 연속량의 등분할로부터 이산량의 등분할로 진행하는 과정을 통하여 학생들의 사고는 다음과 같은 형식을 취하게 된다.

① 전체를 4개로 나눈 것 중의 3개는 $\frac{3}{4}$

② 3개는 4개의 $\frac{3}{4}$

이 점을 이용하면

$$3\text{은 } 4\text{의 } \frac{3}{4}$$

이라는 사고 형식이 형성될 수 있고, 이것을 발전시키면

$$5\text{는 } 4\text{의 } \frac{5}{4}$$

라는 가분수가 출현하게 된다. 가분수 개념의 역사 발생적 진화 과정으로 보아서도 이러한 진행은 자연스러운 결과이다.

대분수는 어떻게 도입되어야 하나?

그렇다면 대분수 개념의 학습은 어떠한 활동을 통하여 언제 도입하여야 하는가? 2007 개정 교육과정에 따라 2010년에 발행된 교과서 『수학 4－1』 p.97에서는 대분수를 다음과 같이 정의하고 있다.

> 1과 $\frac{3}{4}$은 $1\frac{3}{4}$이라 쓰고 일과 사분의 삼이라고 읽습니다. $1\frac{3}{4}$과 같이 자연수와 진분수로 이루어진 분수를 대분수라고 합니다.

이러한 대분수를 소개하기 위한 도입 활동은 같은 쪽에 다음과 같이 제시되어 있다.

활 동

진주네 학급에서 생일잔치를 마치고 나니 사과가 한 개와 $\frac{3}{4}$조각 남았습니다. 남은 사과를 분수로 나타내는 방법을 알아봅시다. 사과 한 개와 $\frac{3}{4}$조각만큼 색칠하시오. 사과 한 개와 $\frac{3}{4}$조각을 어떻게 나타내면 좋다고 생각합니까? 왜 그렇게 생각합니까?

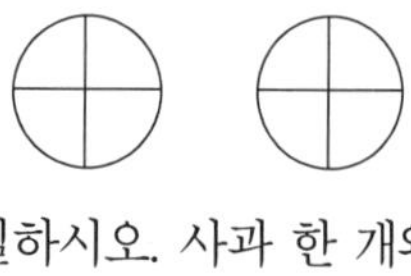

대분수 개념에 대한 이러한 도입 활동과 정의는 적절한 것인가? 얼핏 보아 큰 문제가 없어 보이지만, 대분수의 정의를 위하여 사용한 "1과 $\frac{3}{4}$"이라는 문구는 논리적으로 애매한 표현이다. 물론 당연히 이것은 "1과 $\frac{3}{4}$의 합"이라는 말을 줄인 것으로 해석하여야 하는 것이 옳다.

그런데 이렇게 줄임 표현을 사용할 때 국어학적으로 "과(또는 와)"라는 조사를 어떻게 해석하여야 할 것인가 하는 문제와 수학교육학적으로 "자연수와 진분수의 합"이라는 의미를 이렇게 암시적으로 표현하여도 좋을 것인가 하는 문제가 제기된다.

우선 "과(또는 와)"라는 조사(助詞)는 국립국어원 표준국어대사전에 따르면 다음과 같은 뜻이다.

[1] 「1」다른 것과 비교하거나 기준으로 삼는 대상임을 나타내는 격 조사.
「2」일 따위를 함께 함을 나타내는 격 조사.
「3」상대로 하는 대상임을 나타내는 격 조사.
[2] 둘 이상의 사물을 같은 자격으로 이어 주는 접속 조사. 생략이 가능하며, 생략된 자리에는 쉼표를 찍는다.

"1과 $\frac{3}{4}$"에서의 조사 "과(또는 와)"는 이 중 "[1]「2」일 따위를 함께 함을 나타내는 격 조사"로 해석하여야 한다. 따라서 "1과 $\frac{3}{4}$"이라는 문구만으로는 뜻이 완전하지 않으며, 1과 $\frac{3}{4}$이 함께 해야 할 어떤 "일"을 같이 써주어야만 한다. 이때의 "일"이란 바로 "합(合)" 또는 "더하기"인 것이다.

다음으로는 수학교육학적으로 보아 "합(合)" 또는 "더하기"라는 표현을 명시적으로 제시하지 않아도 좋은가 하는 점을 살펴보자. "자연수와 분수의 합"이라는 점을 명시적으로 지도하지 않으면, 가분수와 대분수를 지도하고 난 다음에 당장 뒤따라 나오는 활동 ⑯ (가분수, 대분수의 호환 표기)가 문제가 된다.

2007 개정 교육과정에 따라 2010년에 발행된 교과서『수학 4－1』pp.98～99에서는 대분수를 가분수로 고치고, 가분수를 대분수로 고치는 방법에 대하여 그림 그리기, 칸 수 세어보기 등의 구체적 조작 활동을 제시할 뿐 당연히 분수의 합이라는 추상적 또는 형식화 개념을 사용하지 않고 있다. 그러나 이미 3학년 2학기 4단원 나눗셈에서

13÷5의 계산 결과는 몫이 2 나머지가 3

이라는 나눗셈의 몫과 나머지에 대한 형식화 내용을 배워 알고 있는 학생들에게

$$\frac{13}{5}=2+\frac{3}{5}=2\frac{3}{5}$$

이라는 분수의 덧셈을 제시하지 않는다면 이것은 지적 퇴행일 뿐이다. 더구나 뒤따라 4학년 2학기에서 학습하게 될 활동 ⑱(동분모분수의 합과 차)에서 가분수, 대분수가 섞인 덧셈이나 뺄셈 계산을 할 때에도 그림 그리기, 칸 수 세어보기 등의 방법을 사용할 수는 없는 것이다.

대분수 $1\frac{1}{4}$을 "1과 $\frac{1}{4}$"이라는 언어에서 직접 가져오는 것은 잘못된 관행이다. 언어적으로 "과" 또는 "와"라는 조사는 덧셈만을 의미하지 않는다. 대분수가 등장하기 위해서는 다음과 같이 진분수의 합이 가분수가 되는 과정이 필요하다.

$$\frac{2}{4}+\frac{3}{4}=\frac{5}{4}$$

라는 과정을 이해하고, 이것을 통해

$$\frac{4}{4}+\frac{1}{4}=1+\frac{1}{4}=1\frac{1}{4}$$

이라는 대분수 형태를 도입하는 것이 수학적으로 정직한 교수 방법이다.

이러한 분석과 논의에 따라 나오는 결론은 활동 ⑮ (대분수의 도입)을 활동 ⑭ (간단한 분수의 합과 차 구하기) 이후에 배치하여야 한다는 점이다. 실제로 4차, 5차, 6차 교육과정에 따른 수학 교과서에서는 활동 ⑭ (동분모 진분수의 합과 차) 이후에 활동 ⑮ (대분수)의 개념을 지도하였고, 분수 덧셈의 개념을 명시적으로 사용하였다. 예를 들어, 5차 교육과정에 따라 1990년에 발행된 교과서 『산수 4－1』 p.85에서는 대분수의 개념을 다음과 같이 도입하고 있다.

> $\frac{5}{3}$는 $1+\frac{2}{3}$와 같다. $1+\frac{2}{3}$를 $1\frac{2}{3}$라 쓰고 1과 3분의 2라고 읽는다.
>
> 1, 2, 3, …과 같은 수를 자연수라 하고, $1\frac{2}{3}, 2\frac{1}{3}, 3\frac{4}{5}, \cdots$와 같이 자연수와 진분수의 합으로 나타낸 분수를 대분수라 한다.

자연수를 몇씩 묶어 나눈 양으로서의 분수 개념의 도입

가분수, 대분수의 도입 문제와 함께 교수학적으로 심도 있게 검토하여야 할 문제는 "자연수를 몇씩 묶어 나눈 양으로서의 분수(예 : 4는 12의 $\frac{1}{3}$)"를 어떠한 방법에 따라 지도하여야 할 것인가 하는 점이다.

2007 개정 교육과정에 따라 2010년에 발행된 교과서『수학 3－1』7단원에서는 활동 ⑨ (자연수의 분수 배)(예 : 6의 $\frac{1}{3}$은 2)를 지도하고 나서, 바로 다음 차시 p.98에서 활동 ⑩ (자연수를 몇씩 묶어 나눈 양으로서의 분수)(예 : 4는 12의 $\frac{1}{3}$)를 다음과 같이 지도하고 있다.

▒ 활동 ▒

> 4는 20의 얼마인지 알아봅시다. 단추 20개를 4개씩 묶어 보시오.
>
> ○ ○ ○ ○ ○ ○ ○ ○ ○ ○
> ○ ○ ○ ○ ○ ○ ○ ○ ○ ○
>
> 한 묶음은 몇 개입니까?
>
> 4는 20을 똑같이 5묶음으로 나눈 것 중의 □묶음입니다.
>
> 4는 20의 $\frac{\square}{\square}$ 입니다.

이와 같은 지도 방법과 순서는 지금까지의 어느 수학 교과서에서도 별 이의 없이 받아들여지고 있다. 그러나 신중하게 분석하여 보면 다음과 같은 문제점을 지니고 있다. 즉, "4는 20의 얼마?"의 답을

$$\frac{1}{5}\text{로 볼 것인가, }\frac{4}{20}\text{로 볼 것인가}$$

하는 문제이다. 아직 약분을 배우지 않은 학생들에게 있어서, 또는 적어도 활동 ⑪(동치분수)의 개념을 배우기 이전의 학생들에게 있어서 $\frac{1}{5}$과 $\frac{4}{20}$는 별개의 분수이다.

더 큰 문제는 지금까지의 어느 수학 교과서에서도 "4는 20의 $\frac{4}{20}$" 라는 내용을 다루는 활동, 즉 ⑦ (두 자연수 관계로서의 분수)(예 : 5는 7의 $\frac{5}{7}$)를 명시적으로 제시하지 않고 있다는 점이다. 아마도 이것은 연속량의 등분할로서 분수(전체－부분 관계로서의 분수)를 다룰 때, 예를 들어 "전체를 똑같이 7로 나눈 것 중의 5는 $\frac{5}{7}$"라는 개념을 연장하여 이해할 수 있는 것으로 간주하고, 연속량이 아닌 자연수의 경우에는 따로 명시적으로 지도하지 않은 것으로 해석된다.

그러나 활동 ⑦ (두 자연수 관계로서의 분수)의 학습을 생략하는 것은 잘못이다. 5는 7의 $\frac{5}{7}$이라는 개념을 "전체－부분 관계로서의 분수"로 이해하려면 7을 전체로 보고 5를 부분으로 보는 활동이 필요하다. 그러나 이 시기의 학생들은 자연수 7을 전체로 보는 활동에 익숙하지 않다. 따라서 주어진 두 자연수 중 하나를 전체로 보고 다른 하나를 부분으로 보는 활동이 주어져야만 한다.

이러한 활동을 생략할 때 일어나는 문제점은 우선 활동 ⑩ (자연수를

몇씩 묶어 나눈 양으로서의 분수)(예 : 4는 12의 $\frac{1}{3}$)에서 나타난다. 과거 모든 교과서에서는 활동 ⑩(자연수를 몇씩 묶어 나눈 양으로서의 분수)를 다룰 때 묶음의 단위를 2 이상인 수에 국한하였다. 따라서 묶음의 단위를 1로 볼 수도 있다는 생각을 자연스럽게 막고 있는 것이다. 묶음의 단위를 1로 본다는 것은 4는 12의 $\frac{4}{12}$로 볼 수 있게 된다는 것을 의미한다.

이러한 제한적 맥락이 이어지면 활동 ⑪ (동치분수)의 지도에서도 문제점이 나타난다. $\frac{1}{5}$과 $\frac{4}{20}$는 같은 분수라는 사실을 설명할 때에 각 분수의 출현 맥락이 서로 달라 이들을 왜 비교하고, 왜 같은 것으로 인식해야 하는지에 대한 동기부여가 불분명해진다. 기껏 할 수 있는 일은 활동 ⑩ (자연수를 몇 씩 묶어 나눈 양으로서의 분수)의 맥락이 아닌 활동 ② (전체－부분)의 맥락으로 후퇴하여 두 분수를 소개하는 것이다. 그렇게 후퇴할 일이면 활동 ⑩ (자연수를 몇씩 묶어 나눈 양으로서의 분수)는 왜 그렇게 열심히 지도했다는 말인가?

활동 ⑩(자연수를 몇씩 묶어 나눈 양으로서의 분수)에는 또 다른 단점도 있는데 그것은 이 활동으로는 가분수로의 개념 확장이 불가능하다는 점이다. “12를 4개씩 묶은 것 중의 2묶음은 $\frac{2}{3}$”라는 조작은 결국은 “전체－부분”이라는 프레임에 갇히는 결과가 되어 1보다 작은 분수만 조작이 가능하게 된다. 이러한 문제점에 대한 대안은 활동 ⑦(두 자연수 관계로서의 분수) (예 : 5는 7의 $\frac{5}{7}$)의 도입이다. 활동 ⑦(두 자연수 관계로서의 분수)는 “8은 12의 $\frac{8}{12}$”이라는 조작의 간편성뿐만 아라 “12는 8의 $\frac{12}{8}$”이라는 가분수로의 개념 확장 가능성까지 지니고 있다.

분수 계산의 결과 답을 꼭 대분수로 고쳐야 하나?
분수 계산의 결과는 언제나 기약분수로 답해야 하나?

분수 계산을 하고 나면 그 결과가 $\frac{7}{5}$ 또는 $\frac{2}{4}$와 같이 나와서 $\frac{7}{5}$을 대분수로 고쳐서 $1\frac{2}{5}$로 답을 써야 하는지, $\frac{2}{4}$를 약분하여 기약분수 $\frac{1}{2}$로 답을 써야 하는지에 대하여 질문하는 교사들이 많이 있다. 실제로 제1차 교육과정에 따라 1955년에 발행된 교과서 『산수 6-1』 p.69에서는 다음과 같이 약분을 필수적으로 해야 한다고 지도하고 있다.

> 분수의 셈에서 답은 언제나 맞줄임을 하여 간단히 해 두어야 합니다.

이때부터의 관습인지 많은 사람들이 분수로 나온 계산 결과는 약분을 꼭 하여 답하여야 하는 것으로 알고 있다. 그러나 결론부터 말하자면 가분수를 대분수로 고치는 방법, 약분하는 방법 등을 지도하는 것은 필수적이지만, 학생들에게 계산 결과의 답을 꼭 그렇게 쓰도록 강요하는 것은 바람직하지 않다.

사실, 분수의 계산을 많이 다루는 수학자들은 계산 결과를 가분수 그대로 두거나 약분하지 않은 채 그대로 두는 경우가 많이 있다. 가분수는 가분수대로, 약분하지 않은 분수는 약분하지 않은 분수대로 쓸모가 많이 있기 때문이다. 따라서 학생들이 분수의 계산 결과를 대분수로 고쳐서 답하기를 원하는 교사라면 문항의 끝부분에 대분수로 고치라고 분명한 지시를 해 주는 것이 좋다. 특별한 지시가 없는 한 대분수로 고치고 안 고치고는 계산하는 본인의 판단에 맡겨야 한다.

또한 동분모분수의 덧·뺄셈을 배우는 시기(대체로 4학년 2학기까지)는 아직 분수의 약분과 통분에 대하여 학습하기 이전이므로 이에 대하여 언급하는 것은 무리이다.

소수 첫째 자리라고 불러야 하나, 소수점 아래 첫째 자리라고 불러야 하나?

소수 0.75에서 숫자 7은 "소수 첫째 자리"에 있다고 말하는 것이 좋은가, 아니면 "소수점 아래 첫째 자리"에 있다고 말하는 것이 좋은가? 교과서에 따르면 "소수 첫째 자리"라고 하는 것이 바른 표현이다. "소수점 아래"라는 표현이 교과서에도 나오기는 한다. 1955년에 발행된 교과서 『산수 4−2』 p.127에서는 다음과 같이 "소수점 아래"라는 표현을 사용하고 있다.

> 순이는 더 간단히 1.8l×8을 그대로 셈하는 방법은 없을까 하고 생각하고 있었습니다. 영수 형님은 셈한 것들을 보시고, $\begin{array}{r} 1.8 \\ \times \quad 8 \\ \hline 14.4 \end{array}$ "이런 때에는, 1.8에 소수점이 없는 것으로 생각하고 18×8의 셈을 한다. 철희가 l를 dl로 고쳐서 셈을 하고, 답을 다시 l로 고친 것처럼, 1.8에는 소수점 아래에 한 자리의 수가 있으므로, 답 144에도 소수점 아래에 한 자릿수가 되도록 소수점을 찍으면 된다. 그래서 14.4가 1.8×8을 셈한 답이 된다."고 말씀하셨습니다.

그런데 이 장면은 정확히 말하자면 위치적 기수법의 자리를 나타내기 위한 표현이라기보다는 몇 자릿수인가를 말하기 위한 수식어로 보는 것이 더 적당하다. 제4차 교육과정에 따라 1982년에 발행된 교과서 『산수 5−2』 p.12에서는 다음과 같은 표현을 사용하는데, 이것도 정확히 따지자면 자리를 나타내기보다는 자리의 수를 나타내고 있다.

0.3		0.3		0.3	…(소수점 아래 한 자리)
× 0.4	⇨	× 0.4	⇨	× 0.4	…(소수점 아래 한 자리)
		1 2		0.1 2	←(소수점 아래 두 자리)

즉 “소수점 아래”라는 수식어는 위치를 나타내기 위한 것이라기보다는 자리의 수를 나타내기 위한 용도로 쓰이고 있다고 보아야 한다. “소수점 아래 둘째 자리”라고 하지 않고 “소수점 아래 두 자리”라고 한 것을 보아도 알 수 있다. 소수의 자리를 나타내는 또 다른 표현으로는 예를 들어 “소수 둘째 자리”를 나타낼 때에 “백분의 일의 자리” 또는 “영점 영일의 자리”라고 표현하는 방식이 있다.

35.28은 10이 3, 1이 5, 0.1이 2, 0.01이 8로 되어 있다. 소수점 바로 옆 오른쪽 자리를 ‘소수 첫째 자리’ 또는 ‘$\frac{1}{10}$의 자리’라고 한다. 또, 소수점의 오른쪽으로 둘째의 자리를 ‘소수 둘째 자리’ 또는 ‘$\frac{1}{100}$의 자리’라고 한다.

3	5	.	2	8
⋮	⋮	⋮	⋮	⋮
십의 자리	일의 자리	소수점	$\frac{1}{10}$의 자리(소수 첫째 자리)	$\frac{1}{100}$의 자리(소수 둘째 자리)

"백분의 일의 자리"라는 표현(방법 1)은 제3차 교육과정에 따라 1979년에 발행된 『산수 교과서 4－1』 p.132에서 볼 수 있다. "영점 영일의 자리"라는 표현(방법 2)은 제6차 교육과정에 따른 교과서에서부터 쓰이기 시작하여 최근 2007 개정 교육과정에 따라 2012년에 발행된 『수학 교과서 4－1』 p.109에서는 다음과 같이 사용되었음을 알 수 있다.

2와 0.45를 2.45라 쓰고 **이점 사오**라고 읽습니다.
2.45에서 2는 일의 자리 숫자이고 2를 나타냅니다.
4는 영점 일의 자리 숫자이고 0.4를 나타냅니다.
5는 영점 영일의 자리 숫자이고 0.05를 나타냅니다.

일의 자리	영점 일의 자리	영점 영일의 자리
2	4	5
2		
0	4	
0	0	5

방법 1과 방법 2는 각기 장단점이 있다. 방법 2는 정확한 표현이기는 하지만 사용하기가 불편하다. 예를 들어 "영점 영영영일의 자리"라고 하면 "영"이 몇 개인지 세어야 한다. 결국 "영"이 네 번 쓰였으므로 소수 넷째 자리임을 알 수 있다. 소수점 왼쪽의 자리를 "십의 자리", "백의 자리"라고 부르는 것을 감안하면 방법 1이 비교적 합리적으로 이름 붙이는 방법이라고 할 수 있다. 그러나 이것 역시 사용하기에는 불편한데 예를 들어 "만분의 일의 자리"가 어디인지 알기 위해서는 분모에 쓰인 영의 수를 세어야 한다.

특히 원주율에 관한 이야기를 하다 보면 "소수 1000째 자리" 등으로 표현해야 편리한 경우가 많이 생기므로, 사용의 편리함을 고려할 때, 소수의 자리를 일컫는 무난한 방법은 "소수 둘째 자리"와 같은 표현 방법이라고 말할 수 있다.

소수의 오른쪽에 0을 얼마나 붙여 쓸 수 있는가?

"소수 2.3을 2.30이라고 써도 된다."고 가르칠 것인가, "소수 2.30을 2.3이라고 써도 된다."고 가르칠 것인가? 2007 개정 교육과정에 따른 수학 교과서까지는 후자의 방법을 택하였다. 2007 개정 교육과정에 따라 2012년 발행된 교과서 『수학 4－1』 p.113에서는 이 내용을 다음과 같이 지도하고 있다.

> 0.1과 0.10은 같은 수입니다. 따라서 0.10에서 오른쪽 끝자리 숫자 0은 생략하여 나타낼 수 있습니다.
>
> 0.10＝0.1

이에 따른 활동은 다음과 같이 생략할 수 있는 숫자를 찾는 내용이다.

> ◎ 소수에서 생략할 수 있는 숫자를 찾아 ／으로 그으시오.
>
> 0.50　　0.730　　0.094　　5.080

이 활동에서 생략할 수 있는 숫자란 무엇인가? 아마도 오른쪽 끝에 쓰인 숫자 0을 말하는 것임에 틀림없다. 그런데 이 숫자 0은 과연 생략할 수 있는 것일까? 다음은 제6차 교육과정에 따라 1996년에 발행된 교과서 『수학 4－2』 p.71에 나오는 내용이다.

> 따라서 0.20에서 끝자리 0은 생략하여 나타낼 수 있다.
>
> $$0.2\not{0}=0.2$$

이에 따른 활동은 다음과 같다.

> 다음 소수에서 필요 없는 0을 생략하여 나타내어라.
>
> 0.40　　　2.530　　　4.080　　　0.700

이 활동에서 필요 없는 0이란 오른쪽 끝에 쓰인 숫자 0을 말하는 것임에 틀림없다. 그런데 여기서도 의문이 든다. 과연 이들 숫자 0은 필요 없는 것인가?

결론부터 말해서 이들 0이 유효숫자인 경우에는 필요 없는 숫자도 아니고, 임의로 생략할 수도 없다. 유효숫자(significant figure)란 근삿값이나 측정값의 윗자리에서 유의미한 숫자를 말한다. 예를 들어 210g이라는 측정값이 1g 미만을 반올림한 것이라면 유효숫자는 3자리로서

$$2.10\times10^2[\mathrm{g}]$$

으로 표시되며, 10g 미만을 반올림한 것이라면 유효숫자는 2자리로서

$$2.1\times10^2[\mathrm{g}]$$

으로 표시된다.

다시 말하면 오른쪽 끝에 쓰인 숫자 0은 중요한 의미를 지닌 것이며, 필요가 있어서 사용한 숫자 0이므로 학생들에게 필요 없는 숫자라거나

임의로 생략할 수 있다는 개념을 심어주는 것은 잘못된 방법이다. 소수 2.30을 2.3이라고 써도 되는 것이 아니라, 소수 2.3을 필요하다면 2.30이라고 써도 되는 것이다. 2009 개정 교육과정에 따라 2015년에 발행된 교과서 『수학 4－2』 p.15에서는 다음과 같이 지도하고 있다.

> 2와 2.0은 같은 수입니다. 소수는 필요할 경우 오른쪽 끝자리에 0을 붙여 나타낼 수 있습니다. 2.0은 **이점 영**이라고 읽습니다.
>
> 2＝2.0　　　　3.5＝3.50

소수는 필요한 경우 오른쪽 끝자리에 0을 붙여 나타낼 수 있는 것이다.

소수 나눗셈에서의 몫은 자연수이어야만 하는가?

초등학교에서 지도하는 나눗셈은 일반적인 생각과 달리 그리 간단한 것이 아니다. 대부분의 사람들은 나눗셈이 곱셈의 역연산이라는 생각하고 그보다 깊은 생각은 하지 않는다. 그런데 초등학교에서 다루는 연산에서는 뺄셈이 단순히 덧셈의 역연산이라고 말하기가 쉽지 않듯이 나눗셈이 곱셈의 역연산이라고 쉽게 단정할 수 없다. 연산이 취급하는 수의 집합이 자연수에 국한될 경우 뺄셈은 그 자체가 자유롭게 정의될 수 없다. $7-5$는 가능해도 $5-7$은 불가능한 것이다.

나눗셈에 관해서는 이야기가 더 복잡하다. $3 \div 5$는 자연수의 집합에서는 답이 없지만, 양의 유리수의 범위로 확장하면 $\frac{3}{5}$이라는 답이 가능하다.

초등학교에서 배운 방식대로 말하자면 $17 \div 5$의 답은 다음 두 가지 방법으로 나타낼 수 있다.

3 나머지 2 (방법 1)	3.4 또는 $3\frac{2}{5}$ (방법 2)

(방법 1)은 자연수의 집합에 머물러서 답하는 방법이고(나눗셈 알고리즘), (방법 2)는 유리수로 범위를 확장해서 답하는 방법이다(유리수 체).

그런데 실생활 문제를 해결하다 보면 (방법 1)을 유리수의 범위로 확장해서 적용해야 하는 상황이 등장한다. 예를 들어 "큰 통에 들어있는 물 7.4리터를 2리터 들이 병에 나누어 담으면 몇 병을 채우고 얼마가 남는가?"라는 문제를 생각해보자. 계산을 해보면 다음과 같다.

$$7.4 \div 2 = 3 \cdots 1.4 \quad (\text{식 } 1)$$

답은 "2리터 들이 병 3개를 채우고 1.4리터가 남는다."이다. 이 문제를 좀 더 확장해 보자. "큰 통에 들어있는 물 7.4리터를 1.5리터 들이 병에 나누어 담으면 몇 병을 채우고 얼마가 남는가?" 계산을 해보면 다음과 같다.

$$7.4 \div 1.5 = 4 \cdots 1.4 \quad (\text{식 } 2)$$

답은 "1.5리터 들이 병 4개를 채우고 1.4리터가 남는다."이다. 그런데 (식 1)에서 (식 2)로 전개되는 과정을 연장하여 생각하면 다음과 같은 식들도 생각해 볼 수 있게 된다.

$$7.4 \div 1.5 = 4.9 \cdots 0.05 \quad (\text{식 } 3)$$
$$7.4 \div 1.5 = 4.93 \cdots 0.005 \quad (\text{식 } 4)$$

(식 3), (식 4) 등은 모양만 나눗셈 알고리즘을 닮았지, 수학적으로 거의 의미 없는 식이다. 현실적으로도 이러한 식으로 나타내어야 하는 상황을 찾아내는 것은 매우 작위적이다. (식 1)이나 (식 2)는 몫이 자연수(또는 정수)이므로 유리수로 확장된 나눗셈 알고리즘(김진환·박교식 2013 p.21)에 의하여 타당성을 보장받는다.

따라서 초등학교에서 다루는 소수의 나눗셈은 몫이나 나누는 수가 자연수인 경우로 제한하는 것이 바람직하다.

분수의 덧셈과 뺄셈에서 수감각 신장은 제한적이다.

일반적으로 계산 기능의 숙달은 유연한 단기기억력에 의해 결정된다. 이를 위해서는 행동주의적 훈련 방식에 따른 지도가 효과적이라는 것은 분명하다. 그러나 계산력의 효용성은 정확하고 빠른 계산력에만 있는 것이 아니라 그것을 상황에 맞추어 해석하고, 적용할 수 있는 수 감각에 의존하게 되어 있다. 이러한 <계산 기능의 신장>과 <수 감각의 향상>이라는 두 마리의 토끼를 잡기 위해서는 수업에 임하는 교사의 신중한 접근이 필요하다.

1) 구성주의적 접근

우선 수 감각의 향상을 위해서는 구성주의적 접근이 효과적이다. 그러나 자연수의 덧셈, 뺄셈과 달리 분수의 덧셈과 뺄셈의 지도에서는 수 감각의 향상이라는 문제가 쉬운 과제가 아니다. 분수 자체에 대한 수 감각 형성도 어려운데 그 위에 분수의 덧셈과 뺄셈에서 수 감각을 형성시키는 일은 더욱 어려운 일일 뿐만 아니라, 사실 이러한 경우에 수 감각의 형성이 얼마나 중요한지, 어디에 초점을 맞추어 지도하여야 할지에 대해서는 신중하게 고려해 볼 점들이 많이 있다.

분수의 덧셈과 뺄셈은 두 단계로 분리된다. 동분모분수의 덧, 뺄셈에 대한 학습이 이루어진 이후에 이분모분수의 덧, 뺄셈을 지도하여야 한다. 동분모분수의 덧, 뺄셈은 4학년 1학기에서 학습하였다. 동분모분수의 덧, 뺄셈에서 수 감각 형성을 위한 지도는 그리 어려운 과제가 아니다. 분수 자체에 대한 수 감각이 형성되어 있으면, 학생들은 더하고 빼는 두 분수의 분자에 초점을 맞추어 생각하면 된다. 그러나 이분모분수의 덧, 뺄셈은 통분의 과정을 거쳐야 하기 때문에 계산 과정이 좀 더 복잡해지며 이 과정에서 수 감각을 유지하는 것은 정신적 에너지를 많이 요구하고, 이러한 요구가 과연 얼마나 많은 이익을 지니고 있는지는 의문이다.

이분모분수의 덧, 뺄셈을 지도할 때, 구성주의적 이해를 돕기 위해 도식을 사용하는 경우가 적지 않다. 그런데 이 도식들은 그 목표가 통분의 과정을 이해시키기 위한 것이 대부분이다. 즉 이분모분수의 덧, 뺄셈에서 가장 중요한 것은 통분의 과정이며, 통분의 과정을 거치고 나면 남는 것은 동분모분수의 덧, 뺄셈이다. 따라서 이분모분수의 덧, 뺄셈 학습에서 구성주의적 접근을 할 때 노력을 집중하여야 하는 부분은 통분 과정이라고 말할 수 있다.

통분 과정을 이해하도록 지도하는 일의 첫 단추는 통분의 필요성을 인식하도록 돕는 일이다. 이를 위해서는 학생들로 하여금 계산 알고리즘에 접하기 전에 계산의 결과가 얼마일지를 어림해 보게 하는 것이 중요하다. 예를 들어 $\frac{1}{3}+\frac{1}{2}$라는 덧셈 상황이 주어졌을 때 곧바로 계산에 들어가기 보다는 이 덧셈의 결과가 1보다 클지 작을지를 어림해 보는 것이 좋다. 이러한 어림을 위해서는 그림이나 도식을 사용하는 것이 좋다. 어림의 과정을 거치지 않고 계산의 결과만을 요구하게 되면 이 덧셈의 결과를 $\frac{2}{5}$라고 답하는 오류를 범할 수도 있다.

<어림하기> 외에도 구성주의적 접근 방법으로 생각해 볼 수 있는 것이 <실생활>과의 관련이다. 그러나 이분모분수의 덧, 뺄셈처럼 계산이 복잡해질수록 그 계산이 실생활과 얼마나 관련이 있는지는 관심을 가지고 살펴보아야 한다. 실제로 이분모분수의 덧, 뺄셈 상황은 현대 생활에서 매우 드물게 발생한다. 특히 현대 사회에서는 계산기가 발달함에 따라 거의 모든 계산은 분수보다는 소수에 의존하게 된다. 게다가 분자, 분모를 입력하여 분수의 계산을 하도록 만들어진 계산기는 눈을 씻고 찾아보아도 찾기 어렵다. 이러한 현대적 상황에서 이분모분수의 덧, 뺄셈을 과연 지도하여야 하는지도 의문스럽다.

물론 초등학교에서 다루는 분수의 덧, 뺄셈은 중등학교에서 다룰 유리식 연산의 기초가 되므로 지도를 생략할 수는 없다. 결국 이분모분수의 덧, 뺄셈을 지도하는 중요한 목적은 추상화된 수학으로 발전하기 위한 발판을 제공하는 일이며, 이를 위해서는 통분의 필요성과 그 과정이 중요한 것임을 인식시키는 것이 구성주의적 접근의 주된 과제라고 말할 수 있다.

2) 행동주의적 접근

다음으로 계산 기능의 숙달을 위한 행동주의적 접근 방법을 살펴보자. 행동주의적 접근에 의한 지도를 위해서는 지도하여야 할 학습 과제에 대한 세밀한 행동주의적 분석이 필요하다. 동분모분수의 덧, 뺄셈을 학습한 이후에 지도하는 이분모분수의 덧, 뺄셈 지도 단계는 다음과 같이 세분화 할 수 있다.

① 이분모진분수의 덧셈(합이 1 미만인 경우, 통분의 필요성)
② 이분모진분수의 덧셈(합이 1 이상인 경우, 가분수의 생성)
③ 받아 올림이 없는 이분모대분수의 덧셈
④ 받아 올림이 있는 이분모대분수의 덧셈
⑤ 이분모진분수의 뺄셈
⑥ 받아 내림이 없는 이분모대분수의 뺄셈
⑦ 받아 내림이 있는 이분모대분수의 뺄셈

이분모분수의 덧·뺄셈에서 가장 중요한 것은 통분의 과정이다. 이때 두 분수를 통분하는 방법은 두 가지가 있다. 두 분모의 곱을 공통분모로 만드는 방법과 두 분모의 최소공배수를 구하여 그것을 공통분모로 만드는 방법이다. 최소공배수를 간단하게 구할 수 있는 경우에는 최소공배수를 공통분모로 하는 것이 편리하다고 말할 수 있다. 그러나 뒤따르는 계산 과정에서 약분의 필요성이 발생할 수도 있기 때문에 일반적으로는 두 수의 곱을 공통분모로 하는 것이 경제적이다.

이분모대분수의 덧, 뺄셈에서도 두 가지 계산 방법이 있다. 미리 가분수로 고쳐서 계산하는 방법이 있고, 자연수 부분은 자연수끼리, 분수 부분은 분수끼리 계산하는 방법이다. 후자의 경우는 계산이 암산으로 처리될 수 있을 정도로 간단하다면 편리한 방법이 될 수 있다. 그러나 분수 부분끼리 계산하는 과정에서 받아 올림이나 받아 내림의 과정이 발생하면 다시 자연수 부분의 계산을 수정하여야 하므로 번거로운 방법이 될 수도 있다. 미리 가분수로 고쳐서 계산하는 방법은 이러한 수정 과정을 생략할 수 있다는 이점이 있다.

몫 분수 지도의 부실함, 어려움

나눗셈의 몫으로서의 분수 개념을 지도하는 것은 의외로 복잡한 논의를 거쳐야 결정할 수 있는 내용이다. 실제로 나눗셈의 몫으로서의 분수 개념에 대한 지도가 어떻게 이루어져 왔는지 과거의 초등학교 수학 교과서를 분석해보면 이 내용의 지도 방법을 찾기 위해 상당히 치밀한 분석과 논의가 필요함을 알 수 있다.

1) 몫 분수 지도의 부실함

6차 교육과정에 따라 1997년에 발행된 교과서『수학 5－2』p.91에서 다음과 같이 나눗셈의 몫으로서의 분수가 출현한다.

> 또 여학생 수는 남학생 수의 몇 배가 되는지 알아보면,
>
> $$3 \div 6 = \frac{3}{6} = \frac{1}{2}$$

그러나 이 차시는 나눗셈의 몫으로서 분수를 학습하기 위한 차시가 아니라 비의 개념을 도입하기 위한 차시이다. 따라서 나눗셈 몫으로서의

분수 개념은 그 이전에 학습되어 있어야 한다. 같은 교과서의 앞으로 거슬러 올라가보면 p.22의 2단원 분수의 나눗셈에서 나눗셈 몫 분수가 다음과 같이 도입된다.

> 2÷5의 몫을 어떻게 구하는지 알아보자.
>
> 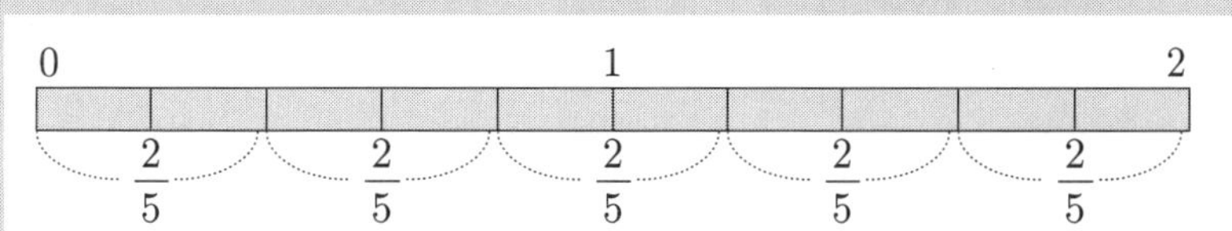
>
>
> 그림에서 알아보면, 2÷5는 2를 5등분 한 것 중의 하나이다. 이것은 2의 $\frac{1}{5}$이므로, $2 \times \frac{1}{5}$과 같다.
>
> $$2 \div 5 = 2 \times \frac{1}{5}$$

그런데 이 활동은 제목이 "2÷5의 몫을 알아보자."고 되어 있을 뿐, 내용은 몫을 알아보는 것이 아니라 나눗셈을 분수의 곱셈으로 바꾸는 방법에 대한 것이다. 그 다음인 p.23에 이르기까지

$$2 \div 5 = \frac{2}{5}$$

라는 몫 분수에 대한 명확한 표현이 나타나지 않고, 다만

$$\div 5\text{를 } \times \frac{1}{5}\text{로}$$

바꿀 수 있다는 나눗셈의 곱셈 변환 내용만 강조되고 있다. 말하자면 나눗셈 몫 분수 개념이 변질된 것이다.

7차 교육과정에 따른 수학 교과서에서는 나눗셈 몫 분수 개념이 아예 실종된 것처럼 보인다. 2002년 발행된 교과서 『수학 5－2』 p.24에서는 나눗셈을 곱셈으로 고치는 방법을 지도하는 과정부터 시작하고 있다.

1÷5를 어떻게 곱셈으로 나타낼 수 있는지 알아보시오.

■ 1÷5는 분수로 얼마입니까?

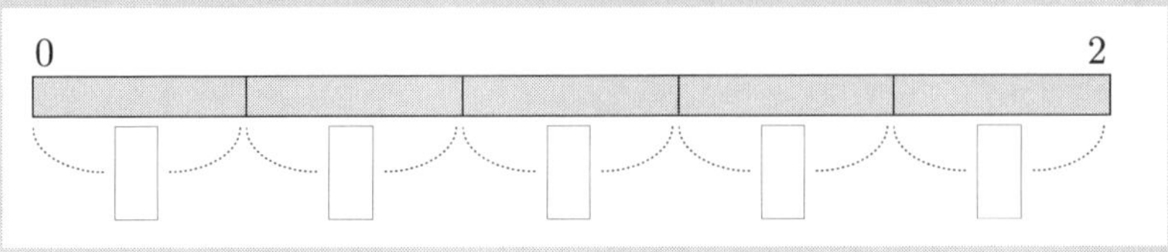

■ 1의 $\frac{1}{5}$배는 얼마입니까?

■ 1÷5를 곱셈으로 나타내어 보시오.

$$1 \div 1 \div 5 = 1 \times \frac{\square}{\square}$$

이 활동의 첫째 발문은 "1÷5는 분수로 얼마입니까?"라고 되어 있어서, 나눗셈 몫으로서의 분수에 대해서는 학생들이 마치 이전에 학습해서 이미 알고 있는 것으로 간주하고 있다. 그러나 이전의 어느 단원에서도 이에 대하여 지도하는 내용은 없다.

2007 개정 교육과정에 따른 수학 교과서에서도 이러한 상황은 마찬가지이다. 2011년에 발행된 교과서 『수학 5－2』 분수의 나눗셈 p.17에서는 1÷4를 다음과 같이 지도하고 있다.

1÷4를 곱셈으로 나타내는 방법을 알아봅시다.

■ 1÷4를 곱셈으로 어떻게 나타내면 좋을지 생각해 보시오.

■ 1÷4의 몫만큼을 색칠하고 분수로 나타내어 보시오.

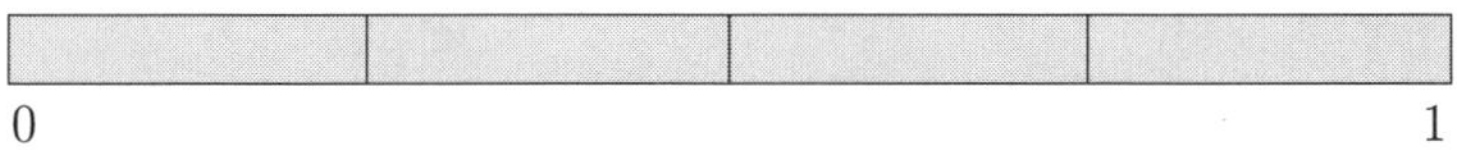

$$1 \div 4 = \frac{\square}{\square}$$

이어지는 p.18에서는 2÷3을 다음과 같이 지도하고 있다.

■ 그림을 이용하여 그릇 한 개에 담긴 물의 양을 알아보시오.

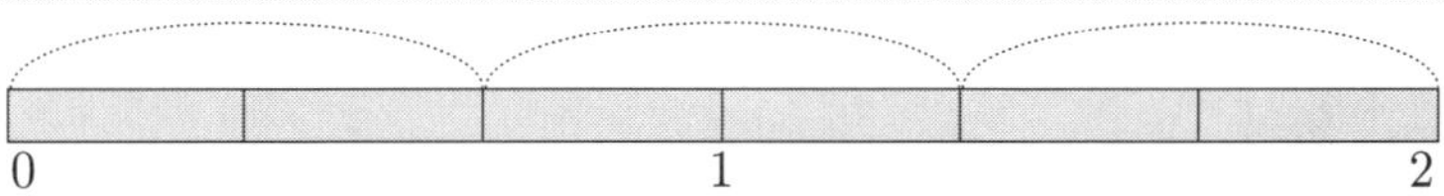

■ 위의 수 막대를 보고 2÷3의 몫을 분수로 나타내어 보시오.

$$2 \div 3 = \frac{\square}{\square}$$

모두가 나눗셈 몫 분수 개념을 지도하는 것으로 보이지만, 활동 제목은 물론 차시 제목 "나눗셈을 곱셈으로 나타낼 수 있어요."에서도 알 수 있듯이 본래 의도는 나눗셈 몫 분수 개념의 지도가 아니라 나눗셈을 곱셈으로 고치는 방법에 대한 지도이다. 이것은 6차 교육과정에 따른 교과서에서와 같이 개념의 변질에 해당한다.

2) 몫 분수 지도의 어려움

나눗셈 몫 분수 개념의 지도가 모두 이렇게 소홀하게 취급된 이유는 무엇인가? 두 가지 원인을 들 수 있는데, 첫째는 나눗셈 몫으로서의 분수를 취급하기 위한 적절한 논리적 시퀀스(sequence)를 찾기 어렵다는 점이고, 둘째는 나눗셈 몫으로서의 분수 개념을 도입하기 위한 구체적 조작 활동이 생각보다 쉽게 구성되기 어렵다는 점이다.

우선 왜 몫 분수 개념 지도의 논리적 시퀀스를 찾는 것이 어려운지 살펴보자. 초등학교 수학에서 몫 분수 개념의 직접적 사용은 비와 비율 단원에서야 이루어진다. 분수의 나눗셈 단원에서는 나눗셈을 곱셈으로 바꾸는 방법을 지도하는 과정에서 다루기는 하는데 논리적으로 분석해 보면, 몫 분수 개념이 분수의 곱셈 변환 방법의 근거가 되지 않는다.

보다 자세히 분석해보자. 2011년 발행 교과서 『수학 5-2』 p.18에서는 몫 분수 개념과 분수 곱셈으로의 변환 방법을 다음과 같이 연관 지어 제시하고 있다.

- 위의 수 막대를 보고 $2 \div 3$의 몫을 분수로 나타내어 보시오.

$$2 \div 3 = \frac{\square}{\square}$$

- $\frac{2}{3}$는 2의 몇 배인지 곱셈으로 나타내어 보시오.

$$\frac{2}{3} = 2 \times \frac{\square}{\square}$$

- $2 \div 3$을 곱셈으로 나타내어 보시오.

$$2 \div 3 = 2 \times \frac{\square}{\square}$$

위의 세 발문은 ① 몫 분수, ② 분수 배, ③ 곱셈 변환으로 요약할 수 있는데, 발문 ① $\left(2 \div 3 = \frac{2}{3}\right)$가 발문 ② $\left(\frac{2}{3} = 2 \times \frac{1}{3}\right)$의 논리적 근거가 되지 않으며, 발문②와 발문 ③은 본질적으로 같은 것이다. 발문 ①은 몫으로서의 분수라는 것뿐인데, 그것이 어떻게 $\times \frac{1}{3}$이라는 사고를 유도하는지 분명하지 않다. (이 부분 전체 논의의 뒷부분에서 결론을 내리겠지만, 사실은 <몫 분수>가 <곱셈 변환>을 유도하는 것이 아니라, <곱셈 변환>이 <몫 분수>를 유도하여야 한다)

두 번째로 나눗셈 몫으로서의 분수 개념 도입을 위한 구체적 조작 활동 구성이 왜 어려운지 살펴보자. 지금까지 이 내용과 관련하여 줄곧 사용되어 온 구체적 조작 활동을 위한 도식은 다음과 같은 것이다.

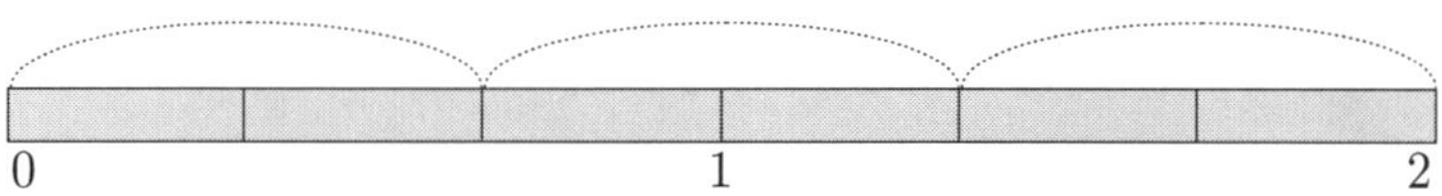

이 도식은 2011년 발행된 교과서 『수학 5－2』 p.18에서 $2 \div 3 = \frac{2}{3}$를 유도하기 위해 제시된 것인데, 배경은 "물 2리터를 모양과 크기가 같은 그릇 3개에 똑같이 나누어 담는다."는 상황이 전제되어 있고, 이때 그릇 한 개에 담긴 물의 양을 추정해 보라는 뜻으로 제시한 도식이다. 문제는 이러한 도식이 $2 \div 3 = \frac{2}{3}$라는 사고를 유도해 내는 데 과연 도움이 되는 것인가 하는 점이다. 그림에서는 물론 2를 3등분한 것으로 나타났지만, 이것은 학생 스스로 만들어내기 어려워서 교과서 저자의 입장에서 미리 <활꼴 점선>을 제시해 준 것이다. 따라서 이 부분은 결국 학생이 수동적으로 받아들여야 하는 내용으로서 바람직한 지도 방법으로 볼 수 없다.

설사 학생이 수동적으로 받아들여야 한다는 주장을 인정한다 하더라도, 학생의 입장에서 보아 이 도식에서 $\frac{2}{3}$라는 분수를 찾아내는 데에는 인식론적 문제가 있다. 학생들은 결국 수 막대의 앞부분 두 칸(다음 그림에서 색칠한 부분)에 주목하여

를 보고 $\frac{2}{3}$를 생각해 낼 수밖에 없는데, 이 색칠한 부분이 2칸이라는 것은 몫으로서의 분수 $\frac{2}{3}$에서 보이는 분자 2와 직접 관련이 없을 뿐만 아니라 그렇게 관련지으면 개념 형성에 혼란이 온다. 수학적으로 생각할 때, 분자 2를 보고 머릿속에 떠올려야 할 부분은 이 색칠한 두 칸이 아니고, 수 막대 전체의 길이 2인 것이다.

이러한 점을 고려한다면 위의 도식은 다음과 같이 2단계로 제시되어야 한다.

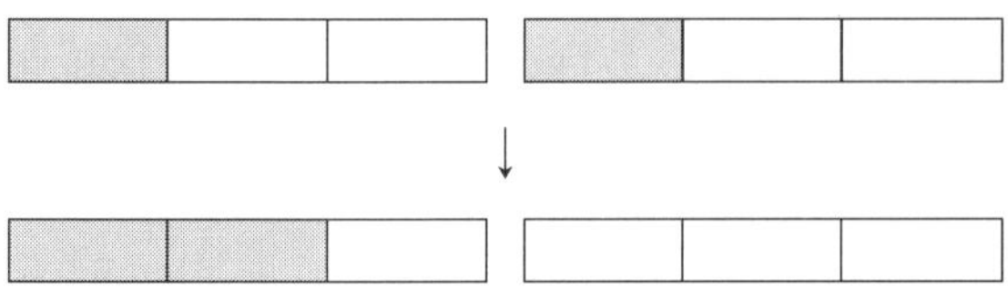

동시에 유의하여야 할 점은 수 막대 2개를 이어 붙여서 제시하는 것이 좋을지 따로 떼어서 제시하는 것이 좋을지를 결정하여야 한다는 점이다.

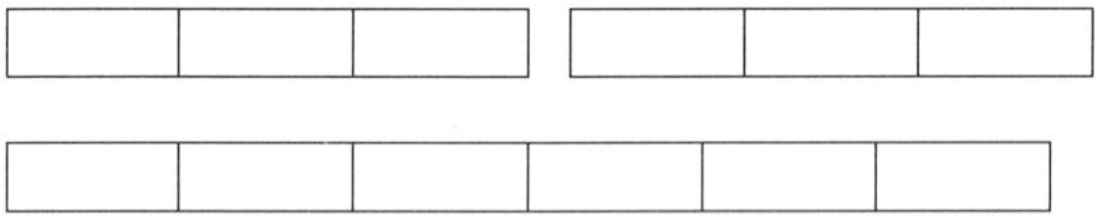

··· (1)

··· (2)

(1)은 부분－전체 모델의 분수 개념, 즉 진분수에 익숙한 학생들에게 유리하게 작용할 수 있고, (2)는 나누어야 할 대상이 2, 즉 2를 전체로 보아야 한다는 사고가 추상적 단계에 이른 학생들에게 적용 가능하다.

수 막대를 이어 붙여야 할지 따로 떼어주어야 할지에 대한 논의는 차치하고라도, 위와 같이 두 단계로 구체적 조작 활동을 제시하여야 한다는 것은 몫 분수 개념 형성에 걸림돌이 된다.

사실 몫 분수 개념 형성의 핵심 아이디어는 간단하다. $a \div b = \frac{a}{b}$에서 나누는 수가 분모로, 나누어지는 수가 분자로 간다는 것이다. 이처럼 간단한 개념의 형성을 위해서 복잡한 구조의 조작 활동을 해야 한다는 것은 무언가 잘못된 것이라고 밖에 할 수 없다.

3) 몫 분수 지도 방법

그렇다면 몫 분수 개념 형성을 위한 바른 지도 방법은 무엇인가? 결론은 위의 논의를 바탕으로 의외로 간단하게 도출될 수 있다. 우선 몫 분수 개념은 구체적 조작 활동에서 직접 도출될 수 없는 이차적 사고 또는 형식적 사고를 요구한다는 점을 인정해야 한다. 다음으로 지도 과정의 논리적 시퀀스가 뒤바뀌어야 한다는 점을 인정해야 한다.

즉, 몫 분수 개념은 나눗셈의 곱셈 변환을 위한 선행 지식이 아니라, 오히려 나눗셈의 곱셈 변환 방법이 몫 분수 개념 형성을 위한 선행 지식이라는 점이다. 다시 말하면 나눗셈의 곱셈 변환이라는 지식을 바탕으로 형식적 사고 활동을 통하여 몫 분수 개념을 형성하여야 한다. 따라서 몫 분수 개념 형성을 시도하기 전에 나눗셈의 곱셈 변환 방법은

$$\div b \rightarrow \times\frac{1}{b}$$

라고 지도하는 것이 좋다. 이 단계에서는 수 막대 도식을 제공하는 것이 도움이 된다. 그 다음 단계로는 나눗셈의 곱셈 변환을 이용하여 곱셈의 결과로서 몫 분수 개념

$$a\div b=a\times\frac{1}{b}=\frac{a}{b}$$

을 지도하여야 한다. 이 단계에서는 수 막대 도식을 제공하지 않는 것이 개념 형성 과정에서 일어나는 혼란을 방지하는 길이다.

네모상자모양이라는 명칭을 지도하여야 하는가?

2009 개정 초등학교 수학과 교육과정에 따르면 1~2학년 군 학습 내용 성취 기준의 도형 영역에서 다음과 같이 진술하고 있다.

1) 입체도형의 모양

① 교실 및 생활 주변에서 여러 가지 물건을 관찰하여 직육면체, 원기둥, 구의 모양을 찾고, 그것들을 이용하여 여러 가지 모양을 만들 수 있다.
② (생략)

2) 평면도형의 모양

① 교실 및 생활 주변에서 여러 가지 물건을 관찰하여 사각형, 삼각형, 원의 모양을 찾고, 그것들을 이용하여 여러 가지 모양을 꾸밀 수 있다.
② (생략)

그러나 영역의 교수·학습상의 유의점에서는 다음과 같이 진술한다.

"입체도형의 모양이나 평면도형의 모양을 다룰 때 모양의 특징을 직관적으로 파악함으로써 모양을 분류할 수 있게 한다. 이때 분류된 모양의 이름(상자 모양, 둥근기둥 모양, 공모양, 네모, 세모, 동그라미 등)을 붙여 범주화하지 않게 한다."

이러한 조항을 어떻게 받아들이고 해석하여야 할지는 상당히 난감한 문제이다. 유의점 ①의 앞의 문장은 '분류하라'는 뜻이 분명하다 그러나 뒤의 문장은 복합 문장으로서 요약하자면 '이름을 붙여 범주화하지 말라'는 뜻이 된다. 이것은 두 가지로 분해하여 해석될 수 있다. 첫째는 '이름을 붙이지 말라'는 뜻이거나 둘째는 '범주화하지 말라'는 뜻이다. 그러나 후자의 경우, 유의점 ①의 앞의 문장에서 '분류하라'는 뜻이 분명하므로 '범주화하지 말라'고 해석하는 것은 모순이 된다. 따라서 유의점 ①의 두 번째 문장은 '이름을 붙이지 말라'는 뜻으로 해석할 수밖에 없다.

그러면 어떻게 "이름을 붙이지 않고 분류"할 수 있을까? 우선 절충적인 방법으로 비기호 언어를 쓰는 방법을 생각할 수 있다. 언어란 인간의 사상이나 감정을 표현하고, 의사를 소통하기 위한 소리나 문자 따위의 수단으로서, 음성 언어와 문자 언어로 구분할 수 있다 음성 언어란 음성을 수단으로 한 말. 표현으로서 몸짓 또는 문자 언어에 상대되는 말이다. 그러나 음성이나 몸짓, 문자 이외의 방법으로도 의사소통이 가능한데 이때의 의사전달 매개체를 <비기호 언어> 또는 <비언어>라고 한다.

"이름을 붙이지 않고 분류"하는 활동을 할 때, 교사와 학생이 의사소통하는 방법에는 이렇게 <비언어>를 사용하는 방법이 있다. 예를 들어 두꺼운 종이나 플라스틱판을 이용하여 , , , □, △, ○ 모양의 구체물을 만들고, 이중 하나들 집어 들어 "~ 이런 모양"이라고 불러주는 방법이 있다. 불편하기는 하지만 교육과정에서 말하는 유의점은 이

러한 방법을 의도하는 듯하다.

그러나 비언어를 사용하는 방법에는 큰 모순이 숨어 있다. 우선 비언어를 사용하여 "~ 이런 모양"이라고 말하여도 그것은 어쨌든 "이름"을 말하고 만 것이 된다. 마치 구약 성서에 나오는 유일신의 이름을 함부로 호칭하지 말라는 신의 명령이 떠오르는 듯하다. '수학'이라는 고도의 추상적 개념의 집합체를 가르치는 과정에서 '이름'을 사용하지 않는다는 것은 어불성설(語不成說)이다.

학습심리학자 가녜(R. Gagne)에 따르면 학습의 유형은

① 신호 학습
② 자극-반응 학습
③ 연쇄
④ 언어 연합
⑤ 식별 학습
⑥ 개념 학습
⑦ 규칙 학습
⑧ 문제 해결

로 구분되고 이들은 위계적이다. 즉, 식별 학습이 이루어지기 위해서는 언어 연합이 선행되어야 한다. 언어 연합이란 "이름 붙이기"의 다름 아니다. <언어>를 사용하든 <비언어>를 사용하든 이름을 붙이지 않고는 식별 학습이나 개념 학습이 이루어질 수 없다 그러한 점에서 보면 교육과정의 유의점 ①은 그 자체가 모순이 된다.

2009 개정 교육과정을 구현하는 이번 교과서에서는 이러한 모순을 감안하여, <비언어>를 사용하는 방법도 제시하지만, <언어>를 사용하

여, 특히 <음성 언어>를 사용하여 "네모 상자 모양, 둥근기둥 모양, 공 모양, 네모, 세모, 동그라미" 등의 용어를 사용하는 방법도 함께 권장하기로 하였다.

2009 개정 교육과정에 따라 지도할 때에 네모 상자 모양, 둥근 기둥 모양, 공 모양이라는 용어를 사용하여도 좋을까?

2007 개정 교육과정에서는 생활 주변에 있는 물건들을 관찰하여 찾은 특징에 따라 상자 모양, 둥근 기둥 모양, 공 모양이라는 일상적인 용어로 교과서에 사용하도록 하였다. 그러나 2009 개정 교육과정에서는 교수 학습상의 유의점에서 "모양의 이름(상자 모양, 둥근기둥 모양, 공 모양 등)을 붙여 범주화하지 않도록 한다"고 제시하였다. 따라서 이 제시에 따르려면 교사는 , ,  모양의 구체물이나 모형을 준비해 두었다가 이것을 들어 가리키며 "이런 모양"이라고 말해 주는 것이 최선의 방법이다. " 모양", " 모양", " 모양"이라고 하는 것은 <음성 언어>가 아니고, <비음성·비기호 언어> 또는 <비언어>라고 한다. 대화 도중에 비언어를 사용하는 것이 편리할 때도 있지만, 불편한 경우도 있으며, 개념의 추상화에 빠른 도움을 주지 않는 경우가 많다. 따라서 교사는 비언어를 적절한 경우에 맞추어 사용하는 것이 좋다.

그러나 학생들이 이미 "네모 상자 모양", "둥근기둥 모양", "공 모양" 등으로 <음성 언어>를 사용하려 한다면 이것을 막지 말고 허용하는 것이 좋다. 이미 추상적 개념이 형성되어 있는 학생에게 굳이 음성 언어의 사용을 통제하여 사고의 퇴행을 유발하는 것은 추상적 개념의 덩어리인 수학의 발달에 부정적인 영향을 줄 수 있기 때문이다. 이름을 붙이지 않고는 개념 학습이 이루어질 수 없으며, 이름을 붙이기 위해서는 "언어"를 사용하는 것이 가장 효과적이다.

반직선은 초등학교 학생들에게 얼마나 유용한 개념인가?

선분은 두 점을 잇는 곧은 선으로서 작도가 가능하다. 따라서 이 개념은 학생들의 조작 활동으로 도입하는 데 무리가 없다. 그러나 반직선과 직선은 한쪽 또는 양쪽으로 끝없이 뻗어나간다는 추상적 사고가 뒷받침되어야 한다. 따라서 반직선이나 직선은 현실적으로 충분한 작도가 이루어질 수 없다.

다시 말하면 직선이나 반직선은 현실적으로 선분으로 나타낼 수밖에 없는데, 예를 들어 반직선 ㄱㄴ을 표시할 때 다음과 같이 선분이 점 ㄴ을 어느 정도 지나야 하는가에 따른 논쟁이 야기될 수 있다. 다음의 네 가지 그림은 약간 이상해 보이는 부분도 있기는 하지만, 수학적으로 반직선 ㄱㄴ을 의미하는 데에는 전혀 지장이 없다.

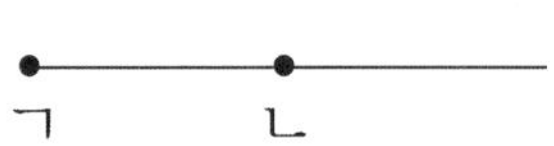

〈그림 1〉

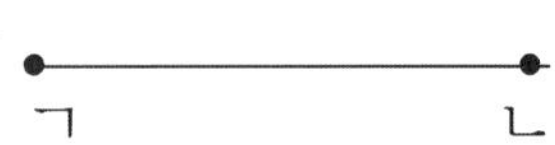

〈그림 2〉

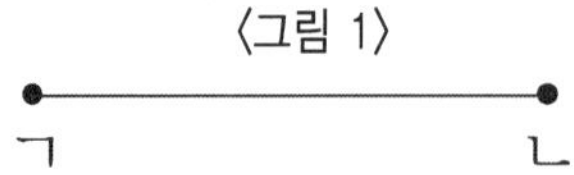

〈그림 3〉

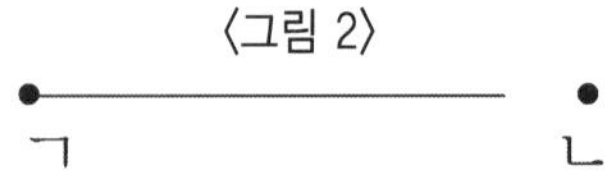

〈그림 4〉

<그림 1>은 반직선 ㄱㄴ을 의미하는 데 대부분 큰 저항이 없다. 다만 선분이 점 ㄴ을 너무 길게 지나쳤다는 느낌을 줄 뿐이다. <그림 2>는 점 ㄴ을 살짝 지났을 뿐이지만 반직선을 의미하는 데 문제가 있는 것은 아니다. <그림 3>의 경우도 선분이 점 ㄴ 위에 멈추어 있지만 반직선 ㄱㄴ이라고 불렀을 때 한쪽으로 뻗어나가는 방향성을 정확히 지적하였으면 수학적으로 문제가 되지 않는다. 심지어 <그림 4>는 선분이 점 ㄴ에 못 미치지만 한쪽으로 뻗어나가는 방향성을 의미할 수 있다면 수학적으로 아무런 문제가 되지 않는다.

반직선 ㄱㄴ을 그릴 때 선분이 "점 ㄴ을 어느 정도 지나야 하는가?", "점 ㄴ을 꼭 지나야 하는가?" 하는 물음은 아무런 수학적 가치가 없는 논쟁을 불러일으킬 뿐이다. 수학적으로 중요한 것은 반직선 ㄱㄴ이 점 ㄱ에서 시작하여 점 ㄴ을 향하고 있는가 하는 점이다.

방향성을 중시한다는 의미에서 1960년대에는 다음과 같이 화살표를 사용하여 반직선(당시에는 사선(射線)이라고 불렀음)을 나타내기도 하였다.

그러나 오늘날 대부분의 수학자들은 이러한 화살표를 특별한 경우가 아니면 사용하지 않는다. 더군다나 구체물을 다루는 활동에 많이 의존해야 하는 초등학교 학생들에게는 화살표 자체가 하나의 도형으로 인식될 수 있어서 화살표의 사용은 권장할 수가 없다. 화살표는 방향성이라는 추상적 개념을 강조하는 표식이지 도형이 아니기 때문이다. 따라서 반직선과 직선은 그 작도의 엄밀성을 강조하기 보다는 선분을 바탕으로 한 추상적 개념으로 지도하는 것이 바람직하다.

오목다각형을 초등학교에서 지도하여야 할 것인가?

재미있는 퍼즐이 있다. 하나의 직선으로 사각형을 잘라 삼각형 4개를 만들라는 문제이다. 대부분은 다음과 같은 상황을 떠올리며 이 문제는 해결이 불가능하다고 생각하기 쉽다.

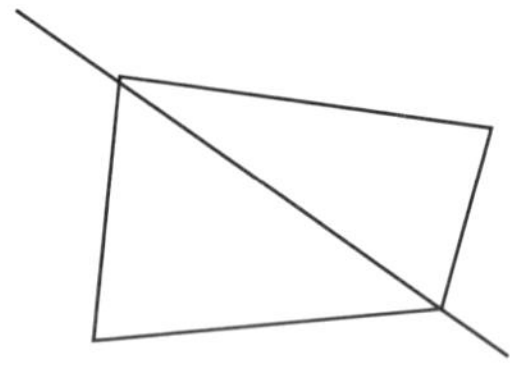

이 문제는 다음과 같이 오목사각형으로 해결할 수 있다.

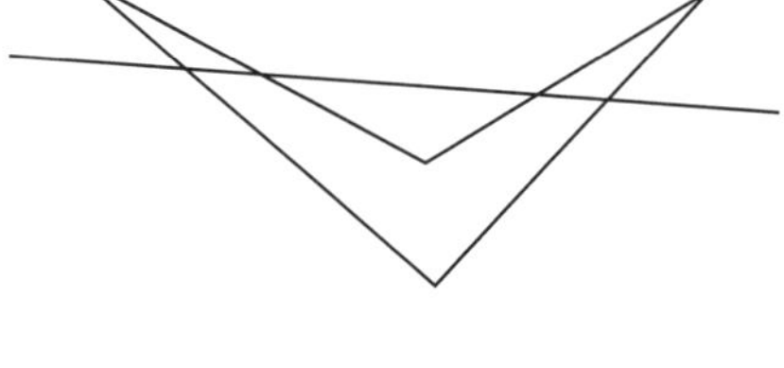

오목사각형은 평소에 잘 생각하지 않는 도형이지만, 최근 수학 학습 시간에 지오보드(geoboard, 기하판) 또는 점판(dot paper, grid paper)이

자주 사용되면서 학생들이 쉽게 접할 수 있는 도형이 되었다. 사각형을 4개의 선분으로 둘러싸인 도형이라고 지도하는 한 학생들은 오목사각형도 사각형의 하나라는 점을 언젠가는 알게 된다. 중국이나 일본의 교과서에서는 이와 같은 오목사각형에 대하여 잘 지도하고 있지 않지만, 대부분의 미국 초등학교 수학 교과서는 적어도 3학년 즈음에는 사각형의 예시로서 오목사각형을 포함하여 보여 준다. 2013년 싱가포르 Marshall Cavendish 출판사에서 미국 학교용으로 만든 수학 교과서 Math in Focus 3B 309쪽에서는 다음과 같이 사각형의 예를 보여준다 (정작 같은 출판사에서 발행된 싱가포르의 수학 교과서 Shaping Maths 에서는 오목사각형을 보여주지 않는다).

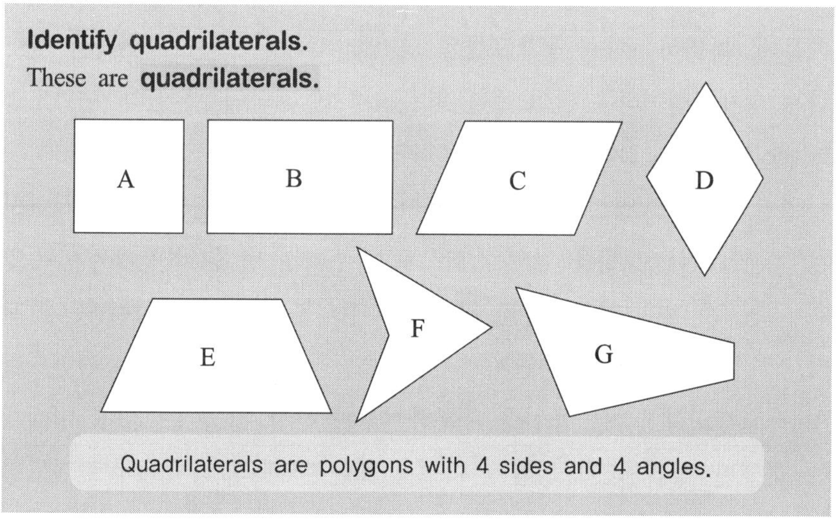

이러한 사정을 감안하여 우리도 학생들에게 오목사각형, 나아가서는 오목다각형에 대한 예시를 포함하는 방법을 고려하여야 하지 않을까 생각한다.

평면도형, 입체도형은 왜 정의 없이 그냥 사용하는가? 입체도형의 정의는 왜 다시 예시적 방법으로 퇴화하는가?

입체도형(solid figure)은 입체(solid) 또는 공간도형(space figure)라고도 불린다. 이때의 공간은 3차원 공간을 의미한다. 그러나 현대수학에서 공간은 1차원, 2차원, 3차원, 4차원, … 등 다양하게 논의될 수 있기 때문에, 특별히 3차원 공간도형을 의미할 때에는 공간도형이라는 말보다는 입체도형이라는 말이 뜻을 더 정확하게 전달될 수 있다. 평면도형(plane figure)은 2차원 공간도형을 의미한다.

평면도형이나 입체도형이라는 용어는 수학적으로 엄밀하게 정의하지 않고 사용된다. 도형을 점의 집합으로 간주하는 현대기하학에서는 특별히 평면도형이나 입체도형을 구분하여 정의할 필요가 없다는 뜻이 된다. 그러나 구체적 조작 단계에 있는 초등학교 학생들에게는 평면도형이나 입체도형이라는 용어를 구분하여 사용하지 않을 수 없다. 이때에는 특별한 정의 없이 생활 용어로서 또는 직관적 의미에서 평면도형 또는 입체도형이라는 용어를 사용하여 지도한다. 다시 말하면, 평면도형이나 입체도형을 수학적으로 엄밀하게 정의하기도 곤란하거니와, 초등학생들에게 그러한 정의는 반 힐(van Hieles)의 기하학적 사고 수준 이론에 비추어 볼 때 적합하지 않다는 뜻이다.

평면도형의 경우에는 이렇게 정의 없이 평면도형이라는 용어를 사용하여도 별 이의를 제기하지 않지만, 입체도형의 경우에는 2007 개정 교육과정에 따라 발행된 교과서 『수학 6－1』 p.36에서 입체도형을 예시적으로 정의를 하였기 때문에 입체도형이라는 용어를 정의하여야만 하는 것으로 오해하고 이의를 제기할 수도 있다.

◎ 생활 주변에서 찾을 수 있는 여러 가지 도형을 모아 보시오.

가	나	다	라
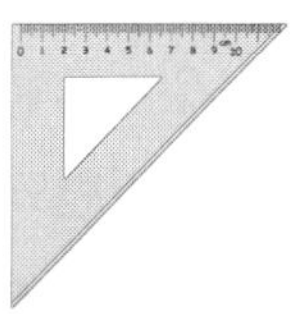			
마	**바**	**사**	**아**

■ 평면도형의 모양이 아닌 것을 찾아보시오.

■ 이와 같은 도형을 무엇이라고 하면 좋을지 이야기해 봅시다.
왜 그렇게 생각합니까?

※ 그림 나, 다, 라, 마, 사와 같은 도형을 '입체도형'이라고 합니다.

그러나 2007 개정 교과서에서 내린 입체도형의 정의는 여러 면에서 불합리하다. 우선 5학년 1학기 수학 교과서(p.83)에서 직육면체를 지도할 때에는 "입체도형"이라는 용어를 정의 없이 사용하다가 6학년 1학기에 들어서서 뒤늦은 정의를 함으로써 논리적 순서가 뒤바뀌었다.

◎ 여러 가지 입체도형을 관찰하여 봅시다.

■ 다음 입체도형을 둘러싸고 있는 평면도형 중 1개만 색칠하여 보시오.

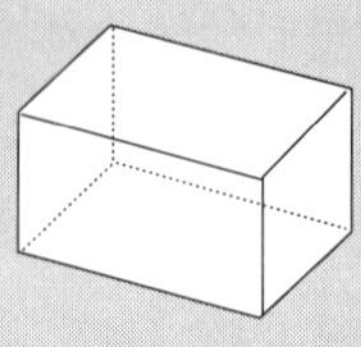

또 6학년 1학기에서 내린 정의 방법은 예시적 방법으로서, 이 예에는 유계(有界, bounded)인 도형만 포함되어 있다. 어차피 초등학교 수학에서는 유계인 입체도형만 다루게 되므로, 유계인 도형만 입체도형으로 정의하는 것도 하나의 합리적인 방법일 수는 있다. 그러나 평면도형에는 각, 직선 등 유계가 아닌(non−bounded) 도형도 포함하는 반면, 입체도형만 유계인 도형으로 국한하는 것은 균형이 맞지 않아 논란의 여지가 있다. 유계가 아닌 입체도형의 예로는 이면각, 꼬인 위치에 있는 두 직선, 기둥면 등이 있다.

이러한 점들을 고려하면 초등학교 수학에서는 평면도형이나 입체도형이라는 용어를 정의 없이 생활 용어로 사용하기로 하는 것이 바람직하다고 말할 수 있다.

각의 변은 선분, 직선, 반직선 중의 어느 것으로 지도해야 하는가? 각 ㄱ, ㄴ, ㄷ의 변을 변ㄴㄷ으로 읽어야 하나, 반직선 ㄴ, ㄷ으로 읽어야 하나?

2009개정 교육과정에 따르면 각은 한 점에서 시작하는 두 반직선으로 지도하도록 유도하고 있다. 그러나 이러한 각의 정의는 추상성을 강조하는 수학에서나 의미가 있지, 실생활에서는 거의 아무런 의미도 없고 효용성도 없다. 우리가 일상에서 말하는 각의 변은 거의 모든 경우에 선분을 말한다. 각의 변으로서 반직선만을 고집할 경우 반직선이나 직선의 경우와 같이 현실적으로 각은 작도불가능이다. 수학적 의미만을 감안한다면 각 ㄱㄴㄷ을 그리라고 하는 경우에 다음 그림을 모두 다 인정해 주어야 한다.

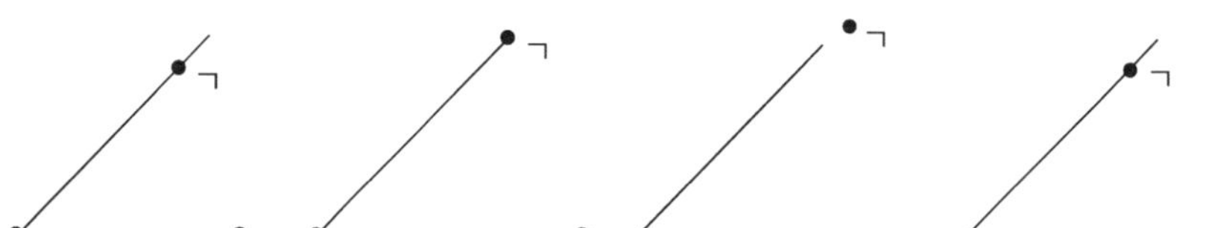

〈그림 1〉 〈그림 2〉 〈그림 3〉 〈그림 4〉

이것은 교사들에게 난처한 상황을 만들 수도 있겠지만 교육과정에서 반직선으로 각을 정의하는 한 어쩔 수 없다. 초등학교 학생들의 인지발

달단계를 감안할 때 가장 바람직한 것은 <그림 2>와 같이 선분으로 표시하는 것이다. 뒤이어 나오는 직각삼각형, 직사각형 등의 도형에서도 선분으로 표현할 수밖에 없는 이들의 변이 곧 각의 변이기 때문이다.

외국의 경우에는 각의 도입을 어떻게 취급하는지 알아보자. 일본의 경우에는 2014년 이후에 발행된 초등학교 수학 교과서에서 각의 정의를 취급하지 않는다. 2학년 1학기에 직각을 도입하고, 3학년 1학기에 원과 구를 도입하며, 4학년 1학기에 각의 크기를 도입하지만, 그때까지 각의 정의에 대하여서는 일체 언급이 없다. 과거의 일본 초등학교 수학 교과서에서는 각의 정의를 취급했던 점을 감안한다면 이것은 고의적인 누락이라고 볼 수밖에 없다. 각을 수학적으로 엄밀하게 정의하는 일이 불필요하거나 까다롭다는 점을 반증하는 현상이기도 하다.

중국에서는 2013년 인민교육출판사(人民教育出版社)에서 발행된 교과서 『수학 2－1』 p.39에서 다음과 같이 각을 정의한다. 이 정의에 따르면 각의 변은 직선, 선분, 반직선의 어느 것으로도 설명하지 않는다. 역시 각의 엄밀한 수학적 정의가 초등학교 학생들에게는 걸림돌이 되는 것을 의식하고 있음을 알 수 있다.

싱가포르에서는 3학년 2학기에 각의 정의를 도입하는데, Marshall Cavendish 출판사에서 2007년 발행된 『Shanping Maths 3B』 p.98에서는 두 직선이 한 점에서 만날 때 각이 이루어진다고 정의하지만, 곧바로

각의 크기 비교에 대한 활동으로 이어지는 것을 보아서, 각의 변이 직선, 선분, 반직선 중 어느 것이어야 하는지에 대하여 큰 의미를 두지 않는 것으로 보인다.

An **angle** is formed when two straight lines meet at a point.

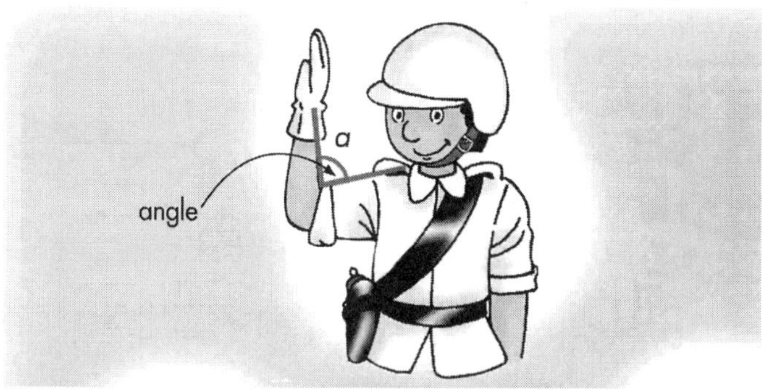

미국의 경우는 교과서마다 다양하다. 예를 들어, Macmillan McGraw－Hill 출판사에서 2009년 발행된 『Math Connects 4권』 p.368에서는 다음과 같이 같은 시작점을 갖는 두 반직선으로 각을 정의한다.

An angle is a figure made from two rays that have the same endpoint. Angles are measured in degrees(°).

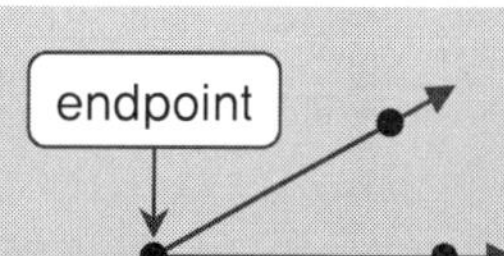

그런가 하면, McGraw－Hill 출판사에서 2012년 발행된 『Everyday Mathematics 3』 p.98에서는 다음과 같이 같은 점을 시작점으로 하는 두 사선 또는 두 선분으로 정의한다. 각의 변으로서 사선과 선분을 둘 다 인정하는 절충안을 채택하였다고 볼 수 있다.

Angles

An **angle** is formed by 2 rays or 2 line segments that share the same endpoint.

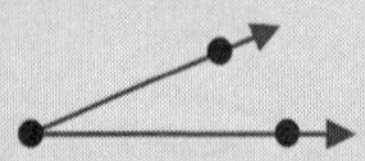

angle formed by 2 rays

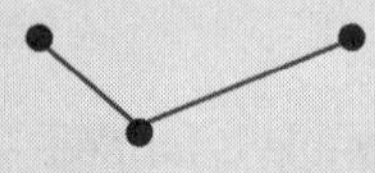

angle formed by 2 segments

The endpoint where the rays or line segments meet is called the **vertex** of the angle. The rays or segments are called the **sides** of the angle.

$\angle$ is the symbol for an angle. This is angle T, or $\angle T$.

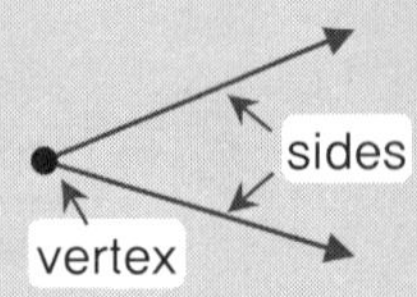

이러한 동향을 종합해 보건대, 각에 대한 엄밀한 수학적 정의를 초등학교 학생들에게 지도하여야 한다는 강박관념은 버리는 것이 바람직하다. 실제로 2009 개정 교육과정에 따른 초등학교 수학 교과서에서 반직선의 개념을 사용한 각의 정의를 적용한 문제나 수업 활동은 전혀 다루고 있지 않음에 주목할 필요가 있다. 그러므로 사용하지 않을 개념을 지도할 필요는 없을 것이다.

원의 중심은 어떻게 정의하나?

수학적으로 원의 중심은 원과 함께 동시에 정의된다. 즉 원은 원의 중심이라고 불리는 하나의 정점 O로부터 같은 거리에 있는 점의 자취이다. 초등학교에서는 이렇게 정의하기가 어려워서 도구적 방법이나 직관적 방법 중의 하나를 택하게 된다.

도구적 방법은 2007 개정 교육과정에 따라 2012년에 발행된 교과서 『수학 3－2』 p.35에 제시된 다음과 같은 방법이다.

> 원을 그릴 때에 누름 못이 꽂혔던 점 ㅇ을 **원의 중심**이라 하고, 원의 중심 ㅇ과 원 위의 한 점을 이은 거리를 **원의 반지름**이라고 합니다.

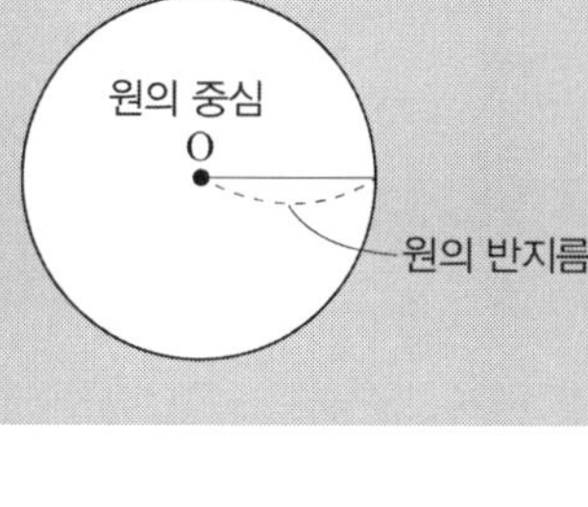

직관적 방법은 2009 개정 교육과정에 따라 2015년에 발행된 교과서 『수학 3－2』 p.80에 제시된 다음과 같은 방법이다.

원의 가장 안쪽에 있는 점을 원의 **중심**이라 하고, 원의 중심과 원 위의 한 점을 이은 선분을 원의 **반지름**이라고 합니다. 오른쪽 그림에서 선분 ㅇㄱ은 원의 반지름입니다.

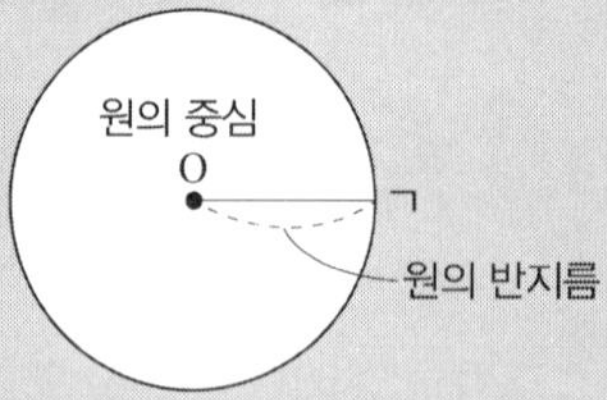

도구적 방법은 원을 그릴 때 사용하는 도구나 상황에 국한적인 용어를 사용하므로 일반성이 부족하다. 직관적 방법은 구의 중심에까지 적용할 수 있어서 일반화가 가능하다. 일본의 경우에는 직관적 방법을 사용하는 교과서가 많고, 미국의 경우에는 원의 중심을 아예 정의하지 않는 교과서도 있다.

컴퍼스의 바른 사용법

컴퍼스의 바른 사용법

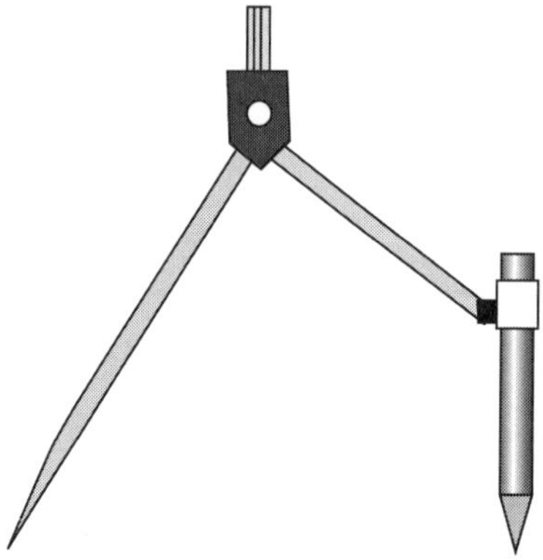

흔히 컴퍼스를 사용할 때 위의 그림과 같이 벌려서 사용하는 경우가 많다. 그러나 이 방법은 바른 방법이 아니다. 컴퍼스의 손잡이를 잡고 돌릴 경우 회전의 축이 컴퍼스의 핀과 연필 중간에 형성되어 핀과 연필이 같이 돌아가게 된다. 컴퍼스를 이렇게 돌리면 핀이 꽂혔던 부분의 종이가 찢어질 위험이 많다.

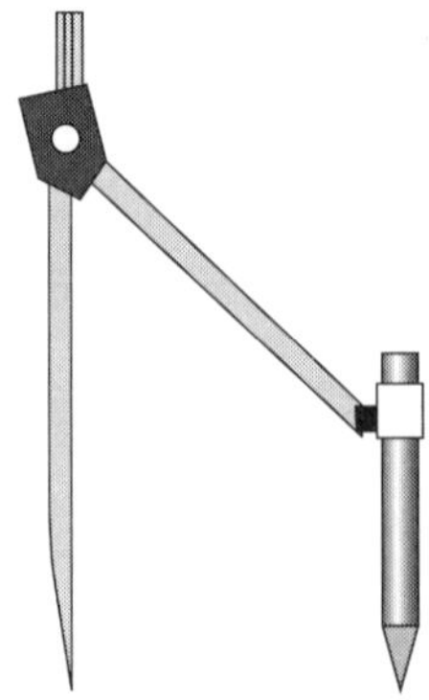

컴퍼스의 바른 사용법은 위의 그림과 같이 핀을 수직으로 꽂을 수 있도록 컴퍼스의 손잡이를 적당히 꺾어주는 것이다. 물론 연필도 수직으로 닿을 수 있도록 적당히 꺾어주어야 한다.

원주는 원둘레인가, 원둘레의 길이인가?

지금까지는 '원둘레의 길이를 원주라고 한다.'고 가르쳐 왔다. 그러나 이것은 진실의 전부가 아니다. 원주(圓周)는 국어사전에 따르면 '원둘레(circumference)'이다. '원둘레의 길이'는 영어로 'length of circumference' 이다. '원주의 길이'를 '원주'라고 줄여서 말할 수는 있다. 영어에서도 'length of circumference'를 줄여서 'circumference'라고 말하다. 실제로 Webster's New World Dictionary, Second College Edition(1986)에서는 'circumference'를 도형으로서의 원주와 측정값으로서의 원주, 두 가지 의미로 해석하고 있다.

따라서 원주라는 용어는 '원둘레의 길이'를 뜻하는 경우와 '원둘레' 자체를 의미하는 경우 두 가지에 모두 사용된다고 보아야 한다. 원둘레의 길이라고 말하는 경우는 '원주율(圓周率 ratio of the circumference of a circle to its diameter)'이라는 용어가 대표적인 예이고, 원둘레 자체를 의미하는 경우는 '원주각(圓周角 the angle of circumference, inscribed angle)'이라는 용어가 대표적이다. 원주각은 '원둘레의 길이의 각'이 아니고 원둘레 위에 꼭짓점이 놓이고 각의 변이 그 원의 현인 각을 말한다.

원주를 한자로 '圓柱'라고 쓰는 경우 이것은 '원기둥'을 의미한다.

직육면체에서 밑면, 옆면이라는 용어를 사용할 필요가 있는가? (밑면이 3쌍?)

직육면체를 다룰 때에 밑면이라는 용어를 사용하는 것은 부적절하다. 밑면이란 각기둥이나 원기둥에서는 평행인 두 면을 의미하며, 각뿔이나 원뿔에서는 뿔의 꼭짓점과 이웃하지 않는 면을 의미한다. 직육면체를 직사각기둥으로 해석하면 밑면을 생각할 수는 있지만 이렇게 되면 밑면이 3쌍, 즉 모든 면이 밑면이라서 의미가 혼란스럽다.

"밑면"을 말뜻으로만 해석하면 '밑에 있는 면'처럼 들리기 때문에 학생들에게 혼란을 줄 수 있다. 밑면은 한자로 底面(저면)인데 우리말로 바꾸다보니 '밑면'이라고 한 것이다. 밑면을 영어로는 base plane이라고 한다. 이는 밑에 있는 면이란 뜻도 되지만 기본이 되는 면이란 뜻도 된다. 따라서 그 입체도형의 고유한 이름을 지을 수 있는 면이라고 보면 기둥과 뿔 모두에 해당되는 용어라고 할 수 있다.

직육면체를 사각기둥으로 생각하면 밑면을 말할 수 있지만, 직육면체로 생각하면 밑면이나 옆면이라는 용어를 사용할 필요가 없다.

각뿔에서는 옆면이 모두 삼각형이므로 삼각뿔, 사각뿔, 오각뿔을 구별해 주는 다각형이 밑면임을 알 수 있다.

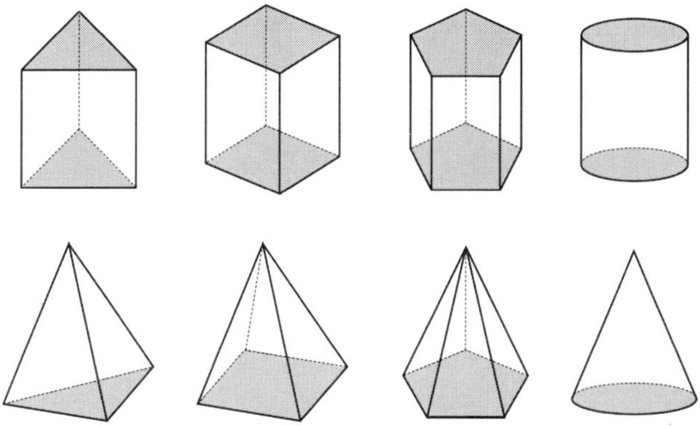

각기둥, 각뿔, 원기둥, 원뿔 등 여러 가지 입체도형에서 밑면이라는 용어를 모두 같이 사용하기 때문에 혼동이 되지 않도록 다양한 예를 들어 주는 것이 좋다.

각기둥에서 밑면을 정의하는 일이 수월하지 않다. (육각기둥, 수직 조건)

각기둥의 밑면을 정의할 때에 '서로 평행하고'라는 조건 외에 '나머지 다른 면에 수직인'이라는 조건을 추가하는 것이 좋다. 이것은 '서로 평행한'이라는 조건만으로는 잘못된 개념이 생길 수 있기 때문이다. 예를 들어 밑면이 정육각형인 육각기둥의 경우에는 서로 평행한 면이 4쌍이 있다. 밑면이 정다각형이고 밑면의 꼭짓점이 짝수 개인 경우에는 모두 이와 유사한 현상이 생긴다. 그뿐만 아니라 밑면이 오각형이더라도 오각형의 인접한 두 각이 직각이면 평행한 면이 2쌍이 생긴다. 이러한 이유에서 각기둥의 밑면을 정의할 때에는 '나머지 다른 면에 수직'이라는 조건을 추가하는 것이 좋다.

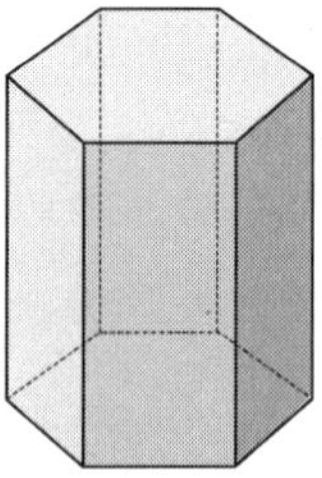

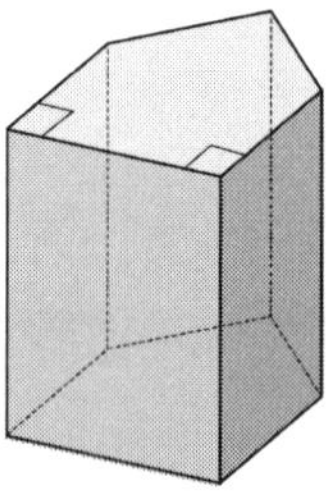

입체도형을 읽는 방법

다음 그림의 색칠한 면은 대부분의 경우 '면ㄱㄴㅂㅁ'이라고 읽는다.

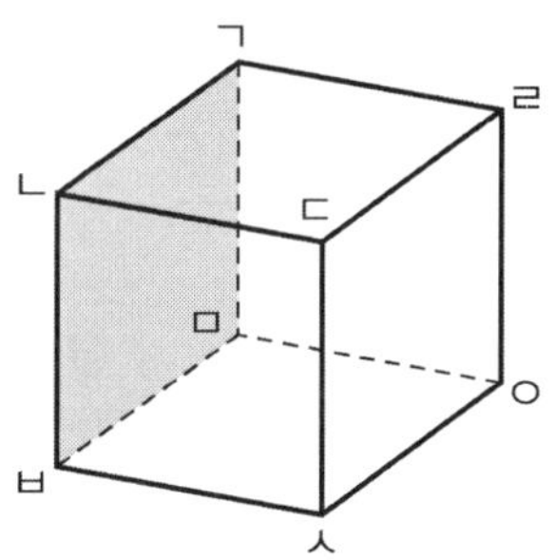

그러나 이 방법으로만 읽어야 하는 것은 아니다. 다음과 같은 방법 모두 다 허용할 수 있다.

'면ㄴㅂㅁㄱ', '면ㅂㅁㄱㄴ', '면ㅁㄱㄴㅂ'

이들은 모두 <시계반대방향>으로 점의 기호를 읽은 것이다. 그러나 '면ㄴㄱㅁㅂ'과 같이 <시계방향>으로 읽는다고 해서 수학적으로 틀린 것은 아니다. 심지어는 '면ㄴㅁㅂㄱ'과 같이 순서가 엇갈리게 읽어야 하는 경우도 예외적으로 발생하는데 이것이 수학적으로 틀렸다고는 말할 수 없다. 그런가 하면, '면ㄴㅂㅁㄱ'이라는 말 대신 '직사각형ㄴㅂㅁㄱ', '사각형 ㄴㅂㅁㄱ' 또는 심지어 '평행사변형ㄴㅂㅁㄱ'이라고도 읽을 수도 있다.

수학은 엄밀하고 정확한 것을 요구하지만, 불필요하게 까다롭거나 고지식한 것을 요구하는 것이 아니다. 꼭 필요한 경우가 아니라면 수학은 무제한에 가까운 자유를 허용한다. 이러한 자유는 다시 새롭고 빛나는 수학적 아이디어를 허락해 준다.

뿔, 기둥에서는 밑면보다 옆면이 먼저 정의되어야 한다?

기둥체(cylinder)를 정의하기 위해서는 기둥면(cylinder)이라는 용어를 먼저 정의하여야 한다.

평면상의 곡선 C를 정하고 곡선 C 위의 각 점을 지나 평면에 수직인 직선이 곡선 C를 따라서 이동할 때 그려지는 곡면을 일반적으로 기둥면이라고 한다. 이러한 기둥면에서 곡선 C를 그 도선(導線, generating line), 기둥면을 그리는 하나하나의 직선을 모선(母線, generator)이라고 한다.

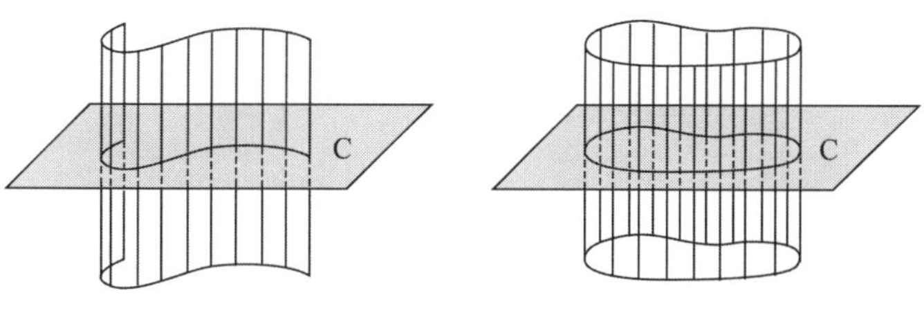

도선이 원, 타원, 쌍곡선, 포물선 등일 때에는 각각 원기둥면, 타원기둥면, 쌍곡기둥면, 포물기둥면 등이라고 한다. 일반적으로 기둥면을 곡선 C를 따라 일정한 방향으로 직선이 이동함으로써 생기는 곡면이라고 정의할 수도 있으나, 실제로 곡면을 분류할 때에는 그 이동하는 직선에

수직인 평면으로 자른 절단면의 도형에 의하여 정의하는 것이 편리하기 때문에, 곡선 C를 포함하는 평면에 수직인 직선을 사용하여 정의한다.

기둥면의 모든 모선과 만나는 두 개의 평행인 평면과 기둥면으로 둘러싸인 입체를 기둥체라고 한다. 평행인 두 평면이 모선과 수직이면 직기둥체(right cylinder), 모선과 수직이 아니면 빗기둥체(oblique cylinder)라고 한다. 초등학교에서는 직기둥체만을 다룬다.

기둥체에서 위아래가 평행인 평면(기둥면을 자른 단면)을 밑(base) 또는 밑면(base plane)이라고 하고, 두 밑면 사이의 거리를 기둥체의 높이(height)라고 한다 또 두 밑면 사이에 끼인 기둥면의 부분을 기둥체의 옆면(lateral face)이라고 한다.

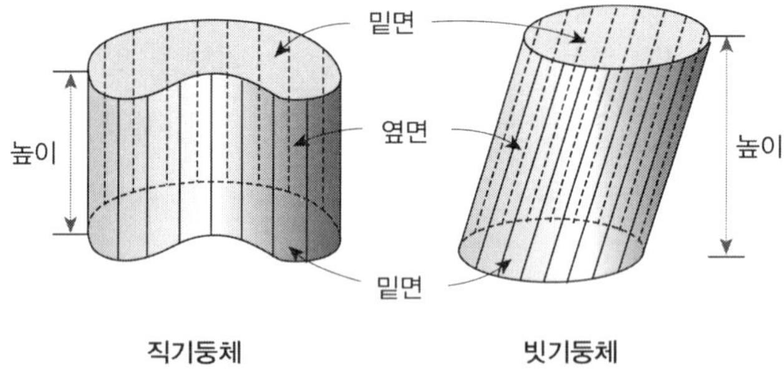

기둥체는 밑면의 모양이 원이면 원기둥(circular cylinder), 다각형이면 각기둥(prism)이라고 부른다. 각기둥의 옆면은 직각기둥의 경우 직사각형이고, 빗각기둥의 경우 직사각형이 아닌 평행사변형이다.

위에서 논한 바와 같이 각기둥과 그 구성 요소를 정의하는 일은 상당히 분석적인 과정을 거쳐야 한다. 초등학교 학생들에게 이러한 분석적 사고 과정을 요구하는 것은 다소 무리이다. 2007 개정 교육과정에 의한 교과서에서는 각기둥을 “입체도형 나, 라, 바, 사와 같이 위아래의 면이 평행하고 합동인 다각형으로 이루어진 기둥 모양의 입체도형을 각기둥이라고 합니다.”라고 하여 예시적 방법과 분석적 방법을 절충하여 제시하고 있지만, 이러한 절충식 방안이라 할지라도 이후 제시할 각뿔, 원기둥, 원뿔 등에 대하여 일관성 있게 지속하여 제시하기는 어렵다. 따라서 2009 개정 교육과정에 따른 교과서에서는 분석적 방법을 배제하고 예시적 방법으로 각기둥을 정의하였다.

참고로 직육면체는 사각기둥의 특별한 경우라고 볼 수 있다. 직육면체를 각기둥에 근거하여 논의할 때에는 밑면이나 옆면이라는 용어를 사용할 수 있으나, 각기둥에 근거하지 않고 직육면체 자체만을 가지고 논의할 때에는 밑면과 옆면의 구분이 불분명하여, “밑면이 3쌍이다.”라고 말하게 되는 등 밑면이라는 용어의 의미에 혼란을 줄 수 있어서 수학적으로 가치가 없으므로 사용하지 않는 것이 바람직하다.

각뿔의 전개도는 왜 지도하지 않는가?

한 평면 위에 있는 단일폐곡선 C와 평면 밖에 점 S가 주어졌을 때, 점 S와 단일폐곡선 C 위의 각 점을 잇는 직선에 의해 만들어지는 면을 뿔면(cone)이라고 한다. 점 S는 뿔면의 꼭짓점(vertex 또는 apex)이 된다. 이 꼭짓점과 단일폐곡선 C 위의 각 점을 잇는 직선을 모선(generator)이라고 하는데, 이 모선을 점 S의 양쪽으로 한없이 연장되는 직선으로 간주하는 방법이 있고, 점 S와 단일폐곡선 C 사이에 있는 선분으로 간주하는 방법이 있다. 선분으로 간주하는 경우 이 뿔면을 뿔체(cone)라고 하며, 모선이 이루는 면을 옆면(lateral face), 단일폐곡선 C로 둘러싸인 면을 밑면(base)라고 한다.

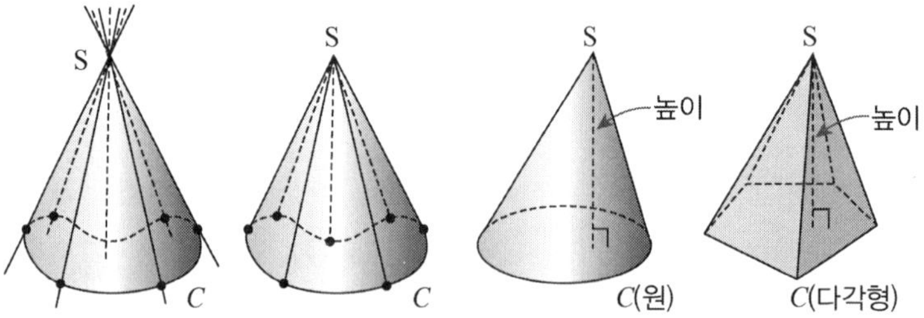

뿔체(무한) 뿔체(유한) 원뿔 각뿔

뿔체의 경우, 꼭짓점 S에서 밑면에 내린 수선의 길이를 뿔체의 높이(height)라고 한다. 뿔체는 밑면의 모양이 원인 경우 원뿔(circular cone), 다각형인 경우 각뿔(pyramid)이라고 한다. 각뿔의 모든 옆면은 삼각형이다.

원뿔의 꼭짓점에서 밑면에 내린 수선의 발이 밑면인 원의 중심에 닿으면 그 원뿔은 직원뿔(right circular cone)이라고 하며, 그 외의 원뿔은 빗원뿔(oblique circular cone)이라고 한다. 직원뿔을 회전체로 보고, 회전체의 축과 수직하지 않은 평면으로 이 직원뿔의 꼭짓점과 밑면 사이를 잘랐을 때 생기는 뿔체를 사추체(斜錐体, oblique cone)라고 한다. 사추체는 밑면이 원이 아닌 타원이므로 빗원뿔과는 다른 입체도형이다.

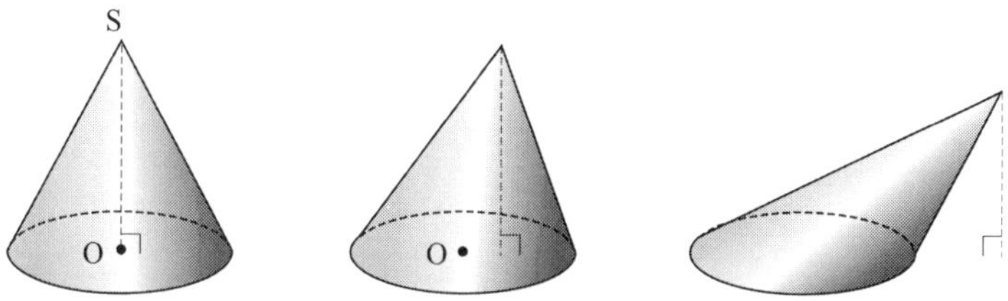

O(원의 중심) **직원뿔**　　O(원의 중심) **빗원뿔**　　O(타원) **사추체**

각뿔의 분류는 각기둥이나 원뿔의 경우보다 복잡하다. 각뿔의 꼭짓점에서 밑면에 내린 수선의 발이 밑면인 다각형의 무게중심에 닿으면 그 각뿔은 직각뿔(right pyramid)이라고 한다. 각뿔의 밑면을 이루는 다각형의 외접원이 존재할 때, 각뿔의 꼭짓점에서 밑면에 내린 수선의 발이 밑면인 다각형의 외심에 닿으면 이 각뿔의 모든 옆면은 이등변삼각형이다. 그런데 이렇게 모든 옆면이 이등변삼각형인 각뿔을 특별히 따로 지칭하는 용어는 없다. 직각뿔의 밑면이 정다각형(regular polygon)인 경우 정각뿔(regular pyramid)이라고 한다.

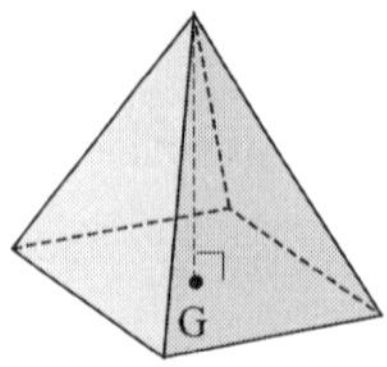

G(무게중심)

직각뿔

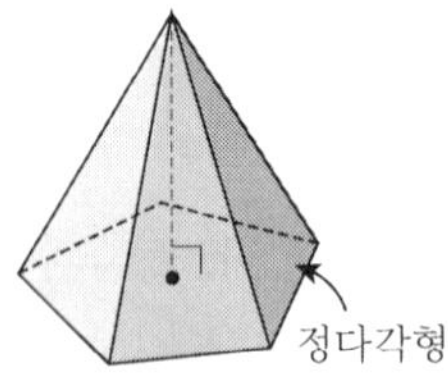

G(무게중심)

정각뿔

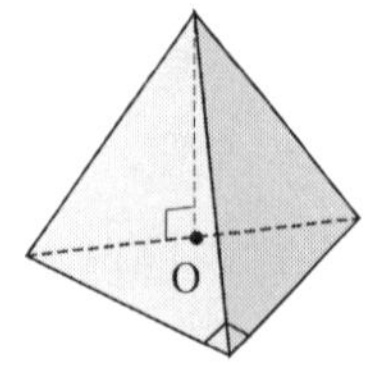

O(외심)
밑면(직각삼각형)

모든 옆면이 이등변삼각형인 삼각뿔

당연히 정각뿔은 직각뿔이고, 모든 옆면이 이등변삼각형이다. 그런데 직각뿔도 모든 옆면이 이등변삼각형이라고 생각하기 쉽지만 이것은 오류이다. 직각뿔의 모든 옆면이 이등변삼각형이라고 말할 수는 없다. 다만 밑면이 직사각형인 직각뿔의 경우에는 4개의 옆면이 모두 이등변삼각형이다. 빗원뿔 또는 사추체의 개념에 비추어서 정각뿔 이외의 각뿔을 빗각뿔이라고 부를 수도 있겠으나, 이렇게 되면 정각뿔이 아닌 직각뿔도 빗각뿔이 되어 언어적 모순이 생긴다. 언어적 모순 때문만이 아니라, 직각뿔에는 고유한 특징이 존재하기 때문에 직각뿔을 빗각뿔의 범주에 포함시키기는 곤란하다.

직각뿔의 꼭짓점에서 밑면에 내린 수선의 발은 밑면의 무게중심에 닿는다. 동시에 직각뿔 자체의 무게중심은 이 수선 상에 존재한다. 이것은 물리적으로 중요한 의미를 갖는다. 즉 직각뿔의 꼭짓점에 실을 매달아 들어 올리면 공중에 매달린 직각뿔은 밑면이 수평인 상태를 유지한다. 각뿔의 무게중심이 꼭짓점에서 밑면에 내린 수선 위에 있기 때문이다.

그러면 직각뿔 이외의 각뿔을 빗각뿔이라고 정의하면 되지 않을까 생각할 수도 있겠지만, 이렇게 되면 빗원뿔 또는 사추체의 정의와 균형이 맞지 않는다. 나아가 직각뿔이 아닌 각뿔 중에는 모든 옆면이 이등변삼각형인 각뿔이 존재하는데, 비록 이것을 따로 부르는 이름은 없지만 이러한 각뿔도 중요한 수학적 특성을 지니므로 빗각뿔의 범주에 포함시키기가 곤란하다. 모든 옆면이 이등변삼각형인 각뿔은 꼭짓점에서 내린 수선의 발이 밑면인 다각형의 외심의 중심에 닿는다.

직각뿔의 경우 옆면이 항상 이등변삼각형이라는 보장이 없고, 또 모든 옆면이 이등변삼각형인 각뿔이 항상 직각뿔이라고 말할 수도 없다. 이래저래 빗각뿔을 정의하는 일은 몇 가지 예외를 복잡하게 설정해야만 하는 번거로움이 있어서 수학적으로 큰 의미를 지니기 어렵다. 따라서 수학적으로 빗각뿔은 따로 정의하지 않는 것이 일반적이다.

각뿔의 꼭짓점에서 밑면인 다각형의 각 꼭짓점을 이은 선분을 각뿔의 빗변(lateral edge)이라고 하고, 각뿔의 꼭짓점에서 밑면인 다각형의 각 변에 내린 수선을 각뿔의 사고(斜高 slant height)라고 한다. 사고는 각뿔의 옆면인 삼각형의 높이가 된다. 각뿔의 모든 옆면이 이등변삼각형일 경우 이 각뿔의 모든 빗변의 길이는 같다. 즉, 모든 빗변은 합동이다. 그러나 밑면의 각 변의 길이가 일정하다는 보장이 없으므로 이러한 각뿔의 모든 옆면이 합동이라고 말할 수는 없다.

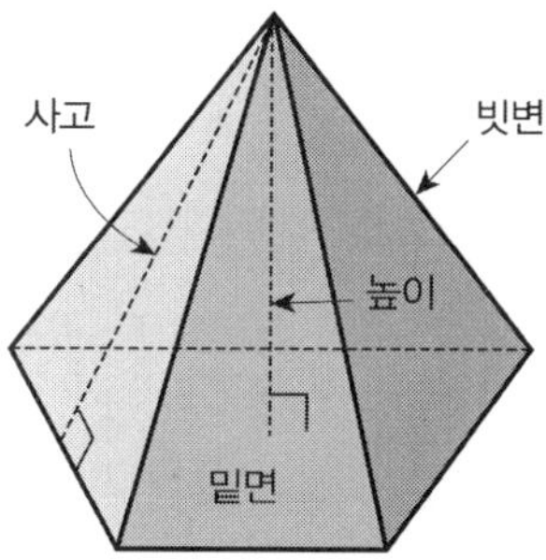

빗변과 사고

2007 개정 교육과정에 따른 6학년 1학기 교과서에는 밑면의 각 변의 길이가 3cm, 4cm, 6cm이고 빗변의 길이가 모두 7cm인 삼각뿔의 전개도를 그리라는 문제가 제시된 바 있다. 이러한 삼각뿔의 전개도를 그리는 것은 가능하지만, 교과서에 제시된 삼각뿔의 겨냥도는 잘못되어 있다. 이 삼각뿔은 옆면이 모두 이등변삼각형이므로, 삼각뿔의 꼭짓점에서 밑면에 내린 수선의 발은 밑면인 삼각형의 외심에 닿아야 한다. 그런데, 이 삼각뿔의 밑면은 그 외심이 삼각형 외부에 존재하기 때문에 상당히 기울어진 모습이 되어야 한다. 2009 개정 교육과정에서는 각뿔과 원뿔의 전개도를 다루지 않도록 하고 있는데, 그 이유 중의 하나는 아마도 이러한 오류가 쉽게 발생하면서도 그러한 오류를 발견하는 것이 쉽지 않기 때문일 것이라고 추정된다.

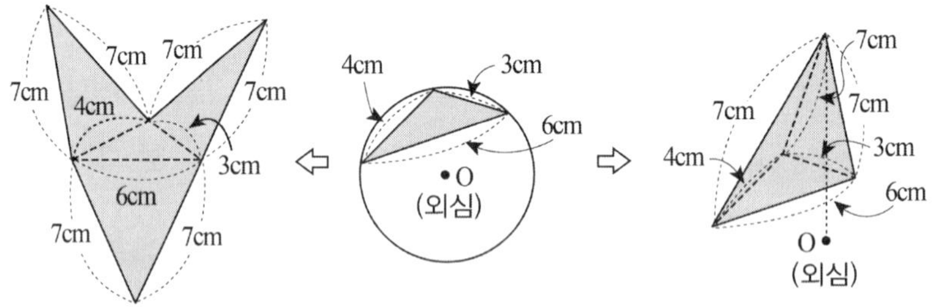

각 변의 길이가 3cm, 4cm, 6cm인 삼각형을 밑면으로 하는 삼각뿔의 전개도와 겨냥도

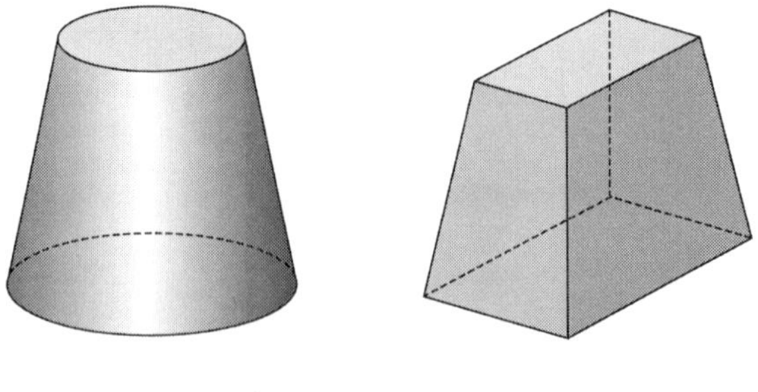

뿔체의 밑면에 평행한 평면이 뿔체의 꼭짓점과 밑면 사이를 지나도록 잘랐을 때, 뿔체의 밑면과 이 단면 사이의 부분을 뿔대(frustum)라고 한다. 처음의 뿔체가 원뿔이면 이 뿔체는 원뿔대(frustum of a circular cone), 각뿔이면 각뿔대(frustum of a pyramid)라고 한다. 이렇게 잘린 단면을 원뿔대 또는 각뿔대의 윗면이라고 부르기로 하면, 원뿔대 또는 각뿔대의 윗면과 밑면은 서로 닮은꼴이 되어야 한다.

측정에서 직접비교와 간접비교를 구분하는 기준은 무엇인가?

직접 비교와 간접 비교의 차이는 비교를 위한 매개물의 사용 여부에 달려 있다. 멀리 떨어져 있는 두 나무의 키를 비교할 때에 한 나무를 다른 나무가 있는 곳으로 이동할 수 없으므로 매개물을 사용하여 간접 비교할 수밖에 없다. 직사각형 모양의 책이나 상자에서 가로와 세로의 길이도 간접 비교에 의존할 수밖에 없다. 직접 비교와 간접 비교을 구별하는 매개물의 존재 여부를 가려내는 일은 길이나 높이와 같은 속성의 경우 큰 어려움이 없으나, 무게, 넓이, 들이의 경우에는 신중하게 판단하여야 한다.

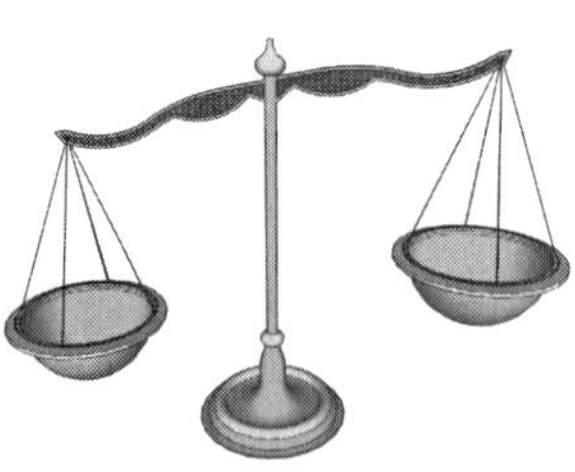

예를 들어, 무게를 직접 비교하는 경우 양팔 저울을 사용하는데, 양팔 저울을 매개물로 볼 수는 없다. 그러나 양팔 저울을 사용하더라도 기준이 되는 추를 사용하여 그 추보다 무겁거나 가벼운 경우를 비교하여 판단한다면 이것은 간접 비교에 해당한다.

넓이의 경우에는 한 도형이 다른 도형의 내부에 완전히 포함되는 경우 외에는 직접 비교가 불가능하다. 따라서 넓이의 비교는 많은 경우가 간접 비교에 해당된다.

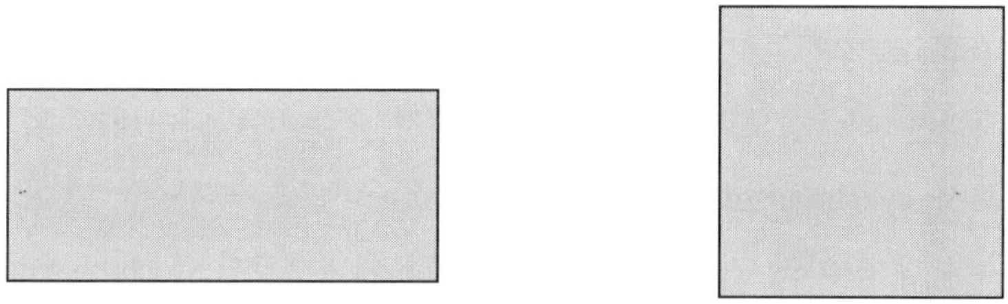

들이의 경우, 한 용기에 물을 가득 부은 다음 그 물을 다는 용기에 부어 넣으면서 처음 용기에 물이 남는지, 다른 용기에 물이 가득 차지 않는지를 판단하는 경우는 직접 비교라고 볼 수 있다. 그러나 두 용기에 가득찬 물을 각각 제3의 용기를 사용하여 거기에 부어보고 더 들어가는지 덜 들어가는지를 알아보았다면 이것은 간접 비교에 해당한다.

시각과 시간은 어떻게 구별하는가?

시간의 측정은 시각(時刻)과 시간(時間)의 두 가지 형태로 이루어진다. 시각은 기준점으로부터 얼마나 떨어져 있는지를 나타내는 위치 개념으로서 synchronism 또는 a point of time이라고 부를 수 있다. 시간은 두 시각 사이의 거리를 나타내는 양적 개념으로서 isochronism 또는 a duration of time이라고 부를 수 있다. 시각은 일종의 0차원 측정치이고 시간은 1차원 측정치이다. 초등학교 저학년 학생들에게 시각과 시간의 개념을 구분시키는 일은 어려운 인식 활동이 된다. 성인들에게 있어서도 그리 간단한 인지 활동이 아니다 역사적으로도 인류는 생활에서 시각과 시간을 많이 혼동하며 살아왔다 영어에서도 시간이나 시각 모두 'time'이라는 단어로 통용된다.

뼘을 어떻게 정의할 것인가?

뼘이란 엄지손가락과 다른 손가락의 한껏 벌린 거리를 말한다. 그런데 사람마다 손의 구조와 유연성이 달라 엄지손가락에서 검지, 중지, 약지, 새끼손가락까지의 거리가 가장 긴 경우를 일률적으로 정할 수 없다. 내 손으로 엄지손가락과 중지까지의 거리가 가장 길다고 해서 새끼손가락까지의 거리가 더 긴 사람에게 그것을 강요할 수는 없다. 그래서 우리에게는 센티미터(cm)와 같은 표준단위가 필요한 것이다. 다만 꼭 뼘을 사용하는 경우에는 사람마다의 특성을 존중해서 각자 자신이 편리한 경우를 사용하도록 한다.

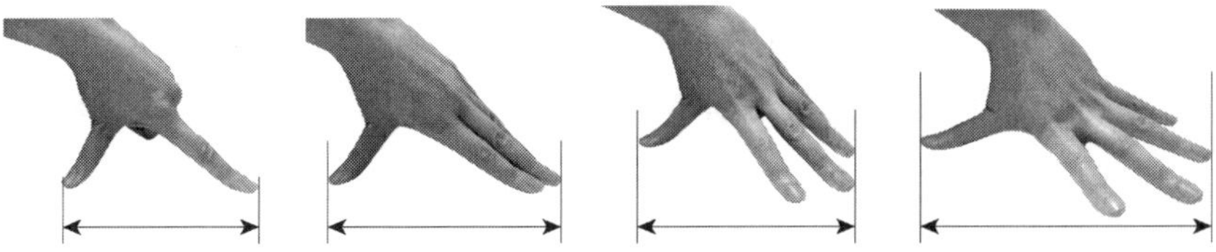

윤년 이야기

그레고리력(Gregorian calendar)에서 평년은 2월이 28일까지 있어 그해가 365일이 되지만 윤년(leap year)은 2월이 29일까지 있어서 그해가 366일이 된다. 그레고리력에서는 왜 매 4년마다 윤년을 두는가?

태양력으로 1년은 정확히 365.2422일이다. 따라서 1년을 365일로 정하면 1년에 0.2422일씩 남게 된다. 따라서 4년이 지나면 $4\times0.2422=0.9688$(일)의 차이가 생기므로 4년마다 거의 하루만큼 보정해 주어야 한다. 그래서 서기 연수가 4로 나누어떨어지는 해를 윤년이라 하고, 그해 2월을 29일로 정한다.

그러나 이렇게 하면 이번에는 매 4년마다 0.0312일이 모자라게 된다. 이렇게 100년이 지나면 $100\div4\times00312=0.78$(일)이 모자란다. 이것을 보정하려면 100년에 한 번은 하루를 빼 주어야 한다. 따라서 4로 나누어떨어지더라도 100으로 나누어떨어지는 해는 평년으로 한다. 그러나 이렇게 하면 이번에는 매 100년마다 0.22일이 남는다. 이렇게 400년이 지나면 $4\times0.22=0.88$(일)이 남는다. 따라서 100으로 나누어떨어지더라도 400으로 나누어떨어지는 해를 윤년으로 하여 하루를 보정한다.

이러한 보정 방법에 따르면 매 400년마다 실제보다 0.12일이 모자라게 되는데, 이것은 매년 평균적으로 0.0003일이 모자라는 것이다. 이를 보정하려면 4000년이 되는 해에 다시 평년으로 해주어야 하는데, 그레고리력을 정할 당시에는 이것까지 미처 생각을 못하였는지, 아니면 4000년이면 세상이 끝날 것으로 생각했는지 어쨌든 그레고리력에서는 이에 대하여 아직 정하지 않았다.

일광절약시간제

세계의 시간과 관련된 내용을 지도할 때에는 주의하여야 할 점이 있다. 일과절약시간제이다. 일광절약시간제(日光節約時間制)를 미국에서는 Daylight saving time (DST)라고 부르고, 영국에서는 서머타임(summer time)이라고 부른다. 일광절약시간제는 여름에 표준시를 원래 시간보다 한 시간 미래로 설정한 시간을 쓰는 제도를 말한다. 즉, 0시에 일광절약시간제를 실시하면 1시로 시간을 조정해야 하는 것이다.

일광절약시간제를 실시하는 목적은 실제 낮 시간과 사람들이 활동하는 낮 시간 사이의 격차를 줄이기 위해서라고 한다. 즉, 여름에는 일조시간이 길어지므로 활동을 일찍 시작하면 근무를 일찍 끝내게 되고, 이렇게 '절약한 낮 시간'을 더 밝은 상태에서 저녁에 여가로 활용할 수 있게 하는 효과가 있으며, 또한 직장이나 학교에서의 조명과 연료 등의 절감 효과를 기대할 수 있다는 것이다. 온대 지역에서는 계절에 따른 일조량의 차이가 크므로 일광절약시간제는 보통 온대 지역에서 시행된다. 그러나 이러한 일광절약시간제의 실제 효과에 대해서는 지역마다 찬반 의견이 엇갈린다. 우리나라에서는 일광절약시간제를 잠시 적용한 적이 있었으나 지금은 사용하지 않는다. 미국과 캐나다는 일부 지역을 제외하고 각 지역 시간을 기준으로 3월 두 번째 일요일 오전 2시에 시작하여 11월 첫 일요일 오전 2시에 해제한다. 중부 유럽지역은 3월 마지막 일요일 1시(GMT 기준)에 시작하여 10월 마지막 일요일 1시에 해제한다. 유럽은 동시에 일괄적으로 바뀌는 데 비해 미국은 시간대 별로 바뀌는 시간이 잇달아 일어나는 것이 특징이다.

지구의 남반구는 북반구 지역의 겨울 동안에 일광절약시간제를 시행한다. 호주는 일부 지역을 제외하고 10월 첫 일요일 오전 2시에 시작하여 다음해 4월의 첫 일요일 오전 3시에 해제한다. 뉴질랜드는 10월 첫 일요일 오전 2시에 시작하여 다음해 3월 세 번째 일요일 오전 3시에 해제한다. 브라질은 12월 세 번째 일요일 오전 12시에 시작하여 이듬해 2월 세 번째 일요일 오전 12시에 해제한다.

이 외에 많은 나라들은 일광절약시간제를 실시하다가 폐지하여 2013년 기준으로 유럽과 북미, 중동 일부 국가와 남반구 일부 지역에서만 실시하고 있다.

비율보다는 비의 값이라는 용어가 수학적으로 더 가치 있다.

비(rate), 비의 값(value of ratio), 비율(rate)은 수학적으로 같은 의미이다. 1983년 창원사(創元社)에서 발행된 <콘사이스 수학사전>에 따르면 이들의 의미는 각각 다음과 같다.

> **비** : a, b를 두 개의 수 또는 같은 종류의 양이라 할 때, a가 b의 몇 배인가라는 [것을] a와 b의 비라고 하며, $a:b$로 나타낸다.
>
> **비의 값** : 비 $a:b$에 대하여 $a \div b$를 계산한 결과, 즉 분수 a/b의 값은 비 $a:b$의 값을 말한다.
>
> **비율** : 두 개 이상의 수 또는 양에 대하여 그 크기의 관계를 나타낼 경우, 비율을 쓴다. a, b를 두 개의 수 또는 같은 종류의 양으로 하고 a가 b의 몇 배인가를 나타내는 데 분수 $\frac{a}{b}$를 쓴다. 이것을 a의 b에 대한 비율이라 한다. 분수 $\frac{a}{b}$를 비율의 분수라 하며, 이것을 소수로 나타낸 것을 비율의 소수라 한다.

이러한 정의는 수학적 내용으로 보아 두 수 a, b에 대하여 $\frac{a}{b}$를 일컬을 때 비, 비의 값, 비율이라는 용어를 공통으로 사용하고 있음을 말한다.

그런데 이 중 비율은 비의 값과 달리 좀 다른 의미로 사용되기도 한다. 백분율도 비율이고, 할푼리도 비율이다. 세율도 비율이고, 할인율도 비율이다. 즉, 우리 생활에서 비의 값이 사용되는 여러 경우를 통틀어 비율이라고 말하기도 하는 것이다. 그러한 의미로 볼 때에 비율은 엄밀한 수학적인 용어라고 부르기에 부족한 점이 있다고 말할 수 있다.

퍼센트 포인트 이야기

두 백분율을 뺄셈으로 비교할 때에는 %p라는 기호를 사용하고 퍼센트 포인트라고 읽는다. 예를 들어 "작년 50%에서 올해 60%로 증가하였다."를 표현할 때에는 다음 두 가지 방법이 있다.

① 작년보다 20%가 증가하였다.
② 작년보다 10%p가 증가하였다.

감소하는 경우, 예를 들어 "2%에서 1%로 감소하였다."를 표현할 때에도 다음 두 가지 방법이 있다.

① 50%가 감소하였다.
② 1%p가 감소하였다.

①은 두 백분율을 나눗셈으로 비교한 것(상대적 비교)이고, ②는 뺄셈으로 비교한 것(절대적 비교)이다. ①과 같이 사용할 때에는 원래의 문장에서 사용한 %와 비교하는 문장에서 사용한 %가 서로 다른 의미를 가지고 있어서 의사소통에 혼란을 가져올 수 있다. 즉 두 번째 %는 비율에 대한 비율을 의미하는 것이라서 비율에 대한 이차적 사고를 요구한다. 그에 비하여 ②와 같이 사용할 때에는 원래의 문장에서 사용한

%와 비교하는 문장에서 사용한 %가 같은 맥락에서의 비율을 의미하므로 의사소통을 명확히 하는 데 도움을 준다.

국립국어원에 따르면 퍼센트(%)와 퍼센트 포인트(%p)는 분명히 구분되는 말이다. 몇 % 증가했다는 것은 기존의 수량을 기준으로 하여 증가된 수량을 백분율로 표시한 것이고, 몇 %p가 증가했다는 것은 기존에 제시된 %가 수치상으로 얼마나 증가했는지를 표시한 것이다.

피타고라스 음계와 순정률

피타고라스는 두 음의 진동수가 간단한 자연수 비로 구성될 때, 즉 두 진동수의 최소공배수가 작을수록 두 음이 잘 어울린다고 생각하였다. 피타고라스 음계에 따르면 각 음의 진동수 비는 다음과 같다.

음계	도1	레	미	파	솔	라	시	도
진동수	1	9/8	81/64	4/3	3/2	27/16	243/128	2

5도 화음인 도와 솔, 또는 4도 화음인 도와 파가 잘 어울리는 것은 그 음정의 진동수 비가 각각 2:3, 3:4이기 때문이다. 2도 차이가 나는 도와 레는 그 진동수 비가 8:9로 두 수의 최소공배수가 72나 되기 때문에 불협화음이라고 말하기도 한다.

그러나 다양하고 독특한 화음을 추구하는 현대 음악에서는 5도나 4도가 아니더라도 인접한 두 음을 같이 소리 내어 연주하는 경우가 있다. 피타고라스 음계의 완전 5도 음정은 깨끗한 협화음을 들려주지만, 나머지 화음에서는 깔끔한 정수 비가 나오지 않는 경우가 많다. 16세기 경에는 이 점을 개선하려고 순정률(pure temperament)을 만들게 되었다.

순정률에 따른 각 음의 진동수 비는 다음과 같다.

음계	도1	레	미	파	솔	라	시	도
진동수	1	9/8	5/4	4/3	3/2	5/3	15/8	2

순정률에서는 주요 3화음의 진동수 비가 도 : 미 : 솔=4 : 5 : 6, 파 : 라 : 도=레 : 솔 : 시=3 : 4 : 5이다. 순정률은 18세기 이후 조바꿈이 가능한 평균율(equal temperament)로 발전하였다.

참고문헌

김진환, 박교식(2013). 나눗셈 알고리즘과 유클리드 알고리즘에 관한 연구. 대한수학교육학회지 수학교육학 연구 23(1) 17-35.

藤井齊亮 外 42名(2011). あたらしい さんすう 1. 東京書籍.

박을룡, 김치영, 박한식, 조병하, 정지호(1984). 콘사이스 수학사전. 서울: 창원사.

杉山吉茂 外 41名 (2007). あたらしい さんすう 1. 東京書籍.

人民教育出版社 課程教材研究所(編著)(2013). 数學 四年级 上册. 人民教育出版社.

Altieri et al. (2009) *Math Connects 1*. Singapore: Macmillan McGrow-Hill.

Bell, M. et al. (20112). *Everyday Mathematics: Student Reference Book*. McGraw-Hill.

Collars, C. et al. (2014). *Shaping Maths 3A*. Marshall Cavendish Education.

Guralnik, D. B. (Ed.)(1986). *Webster's New World Dictionary of American Language*. New York, NY: Simon and Schuster.

Kamii, C. (1989). *Double-Column Addition: A Teacher Uses Piaget's Theory*. Rest on, VA: NCTM.

Kheong, F. H. et al. (2013). *Math in Focus 3B*. Marshall Cavendish Education.

Reys, R. E., Suydam, M. N., Lindquist, M. M., & Smith, N. L. (1998) *Helping Children Learn Mathematics (Fifth Ed.)*. Boston: Allyn and Bacon,

West, B. H., Griesbach, E. N., Taylor, J. D., & Taylor, L. T. (1982). *The Prentice-Hall Encyclopedia of Mathematics*. Englewood Cliffs, NJ: Prentice-Hall, Inc.

index

초등 수학 교과서의 잘잘한 감자들

2016년 7월 20일 초판 발행
2023년 5월 10일 초판 2쇄 발행

저 자 강 완
발행자 오판근
발행처 교우사

주 소 서울특별시 동대문구 약령시로 8 교우빌딩 2층
전 화 925-2861~2, 편집부 / 925-2825, 홈쇼핑 / 969-5762
팩 스 925-2860

E-mail kyowoo@kyowoo.co.kr
홈페이지 http://www.kyowoo.co.kr
북스토어(쇼핑몰) http://www.kyowoo.co.kr

등 록 1994. 3. 24 제6-0256호

ISBN 979-11-251-0176-5
값 14,000원